新 教育経営・制度論

佐々木正治・山崎清男
北神正行 【編著】

矢藤誠慈郎
田代高章
上寺康司
住岡敏弘
高橋正司
松原勝敏
石田憲一
大野亜由未
柳澤良明

福村出版

Ⓡ〈日本複写権センター委託出版物〉
本書を無断で複写複製(コピー)することは、著作権法上の例外を除き、禁じられています。本書をコピーされる場合は、事前に日本複写権センター(JRRC)の許諾を受けてください。
JRRC〈http://www.jrrc.or.jp　eメール：info@jrrc.or.jp　電話：03-3401-2382〉

はじめに

　教育経営のアカウンタビリティ（説明責任）や透明性をよりよく果たすような新たな手立てが求められている。それには，教職員が見える形で学校組織の開発や組織マネジメントなどを早急に進め，教育経営の効果・効率を高めていく必要がある。知識・技術の革新が激しい今日の知識基盤社会，高度情報社会では，学校という組織の存続さえ危ぶまれるからである。
　「学校のことは先生にお任せ」とはいかなくなった厳しい現実を乗り越えるのは容易なことではないが，学校は自主性・自律性を堅持しつつ保護者や地域住民等の校外の声を校内の組織開発と連動させて学校組織を教育効果が高まるように動かしていかなければならない。
　国も，2006（平成18）年の教育基本法改正を皮切りに，2007（平成19）年の地方教育行政の組織および運営に関する法律の改正，2008（平成20）年の学習指導要領改正，さらには教師力の改善をねらった免許更新制度や教職大学院など矢継ぎ早に制度改革を進め，知識基盤社会の礎を築きつつある。
　こうした制度改革の渦巻の中で，ますます声高になっている保護者・地域住民のアカウンタビリティへの要求に応えるには，教育経営をどのようなコンセプトでデザインし，実施したらよいのであろうか。本書はこのような問題意識から，もはや旧来の学校完結型の教育経営のコンセプトでは対応しきれないとして，教育経営の意義を改めて問い直し，「学校の経営や社会教育を含む公教育全体，特に市町村を単位とした教育組織体全体の経営」という新たな経営コンセプトを打ち出した（1章）。学級の経営もこの線に沿って，閉じられた学級王国を開いて保護者・地域住民などの参加型の学級経営を模索し（2章），学校の経営もアカウンタビリティを果たすべく「開放システムによる学校経営」，さらには今日の高速社会に即応できる機動的経営などの新たな経営コンセプトとその実践の方途を明らかにした（3章）。
　しかし，「教育は人なり」といわれているように，どのような人を，どのような教師の職務に迎え入れて対応するのかが急変する社会では焦眉の課題と

いってよい。しかも，知識基盤社会では学校の役割機能が複雑化，多様化し，いったん教師になっても教員免許更新制や教職大学院制度などが待ち受けており，容易に陳腐化する専門的知識・技術の不断の更新が求められている。まさに，採用後も本人が「自らのキャリア設計・開発をどのようなルートによって描いていくのかが問われる時代」になっている（4章）。

　教育経営の内的事項の中核をなすカリキュラム経営も，旧来のような基準カリキュラムの実施のみにとどまらず，SBCD（学校をベースにしたカリキュラム開発）に取り組むなど，教育の質，学校や教師の質の向上を目指したカリキュラムマネジメントへの転換が企図されている（5章）。学校をただ開いて風通しをよくすれば事足りるというほど教育経営は容易ではない。学校を取り巻く環境が悪化し，危険を呼び込む虞（おそれ）を否めない。このような現状でリスクマネジメントは学校経営でどのような位置と役割を占めているのであろうか（6章）。さまざまな問題を抱える今日の学校が「信頼され開かれた学校」に発展するには，学校の評価，教育成果の検証を求める保護者・住民側からの声に応えていかなければならない。これは透明性・納得性・客観性を確保しつつ自主的，自律的学校経営を効果的に進める上で欠かせない手立てだからである（7章）。

　こうして高まっている学校内外の多様な要求に応えるための教育行財政の裏打ちは，どのようになっているのであろうか。ここでも教育基本法改正，地方教育行政の組織および運営に関する法律改正などにともなうアカウンタビリティの波が打ち寄せ，教育委員会に事務の管理，執行状況の点検評価，報告書の公表義務化，教育委員会の人事の弾力化（保護者の登用義務化）などが進められている（8章）。

　さて，現行の学校教育の制度は，教育経営の新たな動きと連動し，どのように改められているのであろうか（9章）。社会教育や生涯学習の機会はどうであろうか。これらは「地方分権の推進を図るための関係法律の整備等に関する法律」のあおりを受けて，大きく様変わりしている（10章）。

　ひるがえって諸外国の教育経営・制度についてみてみると，主要国ではグローバルスタンダードをにらんで自国の教育スタンダードを設定し，それを遵守する方向での教育経営が進行中である。ちなみに，ドイツでは学校の自律性の拡大，参加型学校経営，学校選択制など，わが国と類似の取組みがみられ，

これらは一部でグローバルスタンダードになりつつあることを示唆している（11章）。

　最後に，学校経営を取り巻く経営環境が多様化，複雑化し，先行きが不透明な中で，いったい何が教育経営・制度の現代的課題なのであろうか。それを大きく学校・家庭・地域の連携による学校経営参加と教育参加に2分してとらえ直し，保護者や地域住民などと学校との新たなかかわりのあり方を問い詰めていこうとしているのが終章である。

　本書が教育職員の道を志している学生のみなさんや各方面の教育経営にかかわる人々に広くご利用いただければ幸いである。

　終りに，本書の出版にあたって執筆を快く引き受けてくださった諸先生，そして出版に際して終始一方ならぬお世話をいただいた福村出版には，ここに付記して深く感謝の意を表したい。

　　2009年1月20日

　　　　　　　　　　　　　　　　　　　編著者　佐々木　正治
　　　　　　　　　　　　　　　　　　　　同　　山崎　清男
　　　　　　　　　　　　　　　　　　　　同　　北神　正行

目　次

はじめに

1章　教育経営の意義
1　社会の変化と教育 ……………………………………… 9
2　教育経営の概念 ………………………………………… 11
3　教育経営の展開と開かれた学校 ……………………… 14
4　国・地方公共団体の教育経営 ………………………… 16
5　家庭，学校，地域社会の協働と教育経営 …………… 19

2章　学級の経営
1　学級経営のコンセプトと目標 ………………………… 23
2　学級経営計画 …………………………………………… 24
3　学級経営の実践 ………………………………………… 25
4　学級経営の評価と改善 ………………………………… 34

3章　学校の経営
1　学校経営施策の動向 …………………………………… 37
2　学校経営の組織 ………………………………………… 39
3　学校のマネジメント …………………………………… 44

4章　教師の職務と制度
1　教職員の種類と職務 …………………………………… 49
2　教職員の身分と服務 …………………………………… 52
3　教職員の資格・免許と人事 …………………………… 54
4　教職員の養成と研修 …………………………………… 57
5　教職員の評価 …………………………………………… 61

5章　カリキュラムマネジメント
1　カリキュラムをめぐる概念の整理 …………………… 64
2　カリキュラムマネジメントとその内容 ……………… 70
3　カリキュラムマネジメントの課題 …………………… 73

6章　学校の危機管理
1. 危機管理の定義 ……………………………………………………… 76
2. 危機管理の校内体制づくり ………………………………………… 77
3. 学校における危機管理のプロセス ………………………………… 78
4. 危機管理に求められる校長・教職員の資質・能力 ……………… 85
5. 危機管理の課題 ……………………………………………………… 87

7章　学校の評価
1. 学校評価とは何か …………………………………………………… 90
2. 学校評価導入の経緯 ………………………………………………… 92
3. 学校評価の運用の特質——岡山県を事例として ………………… 94
4. 学校評価と教員評価との関係 ……………………………………… 101
5. 学校評価の近年の動向と課題 ……………………………………… 102

8章　教育行財政
1. 教育行政の基本原理 ………………………………………………… 105
2. 国の教育行政 ………………………………………………………… 108
3. 地方の教育行政 ……………………………………………………… 111
4. 教育財政 ……………………………………………………………… 115

9章　学校教育の制度
1. 学校の定義と公教育制度の組織原理 ……………………………… 121
2. わが国における教育制度の発展 …………………………………… 124
3. わが国における現行の学校制度 …………………………………… 128

10章　社会教育・生涯学習の機会
1. 社会教育とは何か …………………………………………………… 136
2. 戦前, 戦後の社会教育 ……………………………………………… 138
3. 社会教育の指導者 …………………………………………………… 141
4. 生涯学習体系への移行と社会教育の位置づけ …………………… 144

11章　諸外国の教育経営・制度
1. アメリカ ……………………………………………………………… 149
2. イギリス ……………………………………………………………… 152
3. フランス ……………………………………………………………… 156

4　ドイツ -- 159
　5　現代的動向と課題 ------------------------------ 163
12章　教育経営・制度の現代的課題
　1　学校と家庭・地域の連携 ------------------------ 165
　2　教育の私事化 -------------------------------- 172
　3　公教育の課題 -------------------------------- 175

索　引

1章　教育経営の意義

1　社会の変化と教育

a　変わる社会　変わらねばならない学校

　いうまでもなく，学校は社会制度の1つであり，学校の教育活動は社会の中で組織的に営まれている。社会的組織である学校は，学校を取りまく社会環境と密接に結びついているのであり，社会の変化や動きを無視することはできない。いいかえるなら，学校教育の改革は，これから先の社会の変化をみとおしておこなわれる必要がある。

　その変化の中で重要なものは，生涯学習社会のいっそうの進展であろう。かつて学習というと，学校教育に限定されがちであった。しかし今日のように変化のはげしい時代においては，学校教育のみで人々の学習を担うことは不可能である。学校教育がすべてという時代は終わったのである。

　変化に直面している社会では，各個人が主体的，自主的に学習を継続するという態度が重要になる。したがって学校では「基礎的・基本的な知識及び技能を確実に習得させ，これらを活用して課題を解決するために必要な思考力，判断力，表現力その他の能力をはぐくむとともに，主体的に学習に取り組む態度を養」うことに努めることが要請されてくる（2008〈平成20〉年3月学習指導要領）。多様な側面において社会が変化している今日，学校もその変化をみすえて，学校の果たすべき役割を再考することが重要になってくると思われる。

b　生涯学習社会と学校

　生涯学習社会とは，学習の機能が生涯にわたって分散配置されている社会と考えてよい。かつて学習は，学校が独占的に担当するものであるという考え方が強かった。しかし現代社会においては，特定の年齢層を対象にした学校教育が，学習をすべて担当するという考え方は意味をもたなくなってきた。人々が学習したい時，あるいは学習する必要が生じた時，いつでもどこでも学習でき

るように学習の機会が保障された社会が生涯学習社会である。インターネットをはじめとする情報伝達手段の普及等により，今後いっそう生涯学習社会は進展するものと思われる。

　生涯学習という考え方が出現してきた社会的背景ないし理由に関しては，多くのことが考えられる。ここで以下の2点を指摘しておこう。第1の理由として，社会の変化があげられる。現代は変化の時代である。科学技術の進歩や国際社会，情報社会の進展には目を見張るものがある。また高齢社会の出現や価値観の多様化など，社会の中にはさまざまな変化がみられる。しかもこれらの変化が急激に生じているのであり，社会の変化への適応が生涯学習を不可避のこととしている。社会の変化が激しく，新しい未知の環境や問題が次々に出現するということは，すべての人々が学習を継続しなくてはならないということを意味する。青少年期に学校で学習した内容のみでは，社会に適応できないという状況が生じてこよう。したがって生涯にわたり，学習することが要請されているのである。

　第2の理由として，余暇の増大が指摘できよう。社会構造が変化し複雑化，高度化する中でややもすると人間性喪失の可能性に直面している現代社会において[1]，人間性を回復し，生きがいを見出し人生を充実させる方策として生涯学習が要請されているのである。技術革新の進行や労働に対する考え方の変化は，労働時間の短縮を促進した。また週休2日制の普及等は学習にあてることのできる余暇時間，自由時間の増大をうながしてきている。余暇時間を活用しての生涯学習活動は，自己開発や生きがい発見学習にもつながるのである。

　さらに，生涯学習という視点から，教育制度全体をみなおすという教育改革等の考え方も存在する。いずれにしてもこのように現代社会は生涯学習社会と位置づけられ，生涯学習の視点に立った学習活動を要請しているのである。すでに指摘したように，かつてのわが国においては学校教育に過度に依存する傾向がみられた。しかし社会・経済の変化は，学校教育の自己完結的な考え方から脱却することが必要であるということを示している。

　生涯学習が指向されている社会の中で，学校はいかなる役割・機能を果たすことが期待されているのであろうか。中央教育審議会の答申等にみられるように，これからの学校の目ざす教育は「生きる力」の育成を基本として，子ども

が自ら学び，自ら考える教育への転換である。つまり学校は自発的，自主的に学習意欲を向上させ，生涯にわたって学習を継続・発展するのに必要な基本的態度と資質・能力を育成することが求められているといえよう。

2 教育経営の概念

a 経営の意味

経営の語義は「力を尽くして物事を営むこと。工夫を凝らして建物などを造ること」(『広辞苑』第6版),「なわばりして土地を測り家を建てる基礎を定め,くふうをこらして物事を営むこと」(『広辞林』第6版) である。このことから経営という言葉には，何かをなすにあたってその土台をつくるという計画的・創意的な意味がこめられていると考えられる。また経営とは，ある組織体がその目的を達成するために，一連の諸活動（計画，実施，評価）を統一的に営むことをいうというとらえ方があるが，このとらえ方にしたがえば，社会に存在するすべての組織体には経営作用が働いていることになる [2]。

「経営」が研究の対象となるのは19世紀末からである。それは「企業経営」という言葉にうかがわれるように，企業等に関する経済的運営ということが主眼であった。19世紀末から20世紀初頭にかけ，アメリカの産業構造は工業化に向けて大きく変化し企業活動もその規模を拡大していく。その結果，工場や企業の経営が複雑になり，その合理的・効率的運営の必要性が生じてくる。それがマネジメント（経営管理）の研究に目を向けさせることになる。そこで開発されたマネジメント理論や原理・原則が合理的・効率的な経営を目ざす他の組織体，たとえば病院や学校などにも適用されるようになった。その中でも特に科学的管理法，人間関係論，経営過程論，意思決定論，構造主義やオープン・システム論等をはじめとする諸理論は大きな影響を与えた [3]。それらの研究成果が，今日では学校等さまざまな組織体にも影響を与え経営理論として活用されている。

ところで，しばしば経営と同義に解される語として「管理」という言葉がある。管理は法制度的な概念であり，一定の基準の存在を前提としているのに対し，経営は組織の自主的・自律的な活動として理解される。現在では経営が意

思決定に関する創意的な機能であり，管理は決定された事項の執行機能として説明される[4]。

b 教育経営の考え方

「教育経営」という用語は1958年に現在の日本教育経営学会が設立されてから，一般的に使用されるようになったといわれている。しかし教育経営という用語が意味するところは，時代とともに変化してきた。教育経営という用語が最初どのような意味内容で使用され，その後その概念はどのように変化してきたのかを簡単にみてみよう。

最初教育経営という用語で論じられたことは，学校経営や学級経営の現実的な諸問題を取りあげ研究討議することであった。当時は「学校経営の問題がかつての法規の適用主義ではもはや解決でき」[5]ないという認識のもとに，校長や教師，保護者，地域住民の代表等の学校関係者の意見や考えを，学校経営に具体化するための方策や組織を整えるという考え方が主流であった。

いいかえるなら教育現場の複雑な要素を，学問を用いて総合的全体的に批判検討し，教育の適正化をはかりこれを目的の達成に奉仕せしめる営みが必要である。そしてそこに"教育経営"という問題が生じるのであり，そこでは教育の現場をみる目とそれを解決する力が必要である。つまり経営的な考えを導入し，経営的にものをみて解決する。この視点が教育経営の考え方を生み出した理由と考えられる。教育経営という概念は，学校教育の諸問題を分析し，その分析した結果をふまえ，どうすれば問題を解決できるかという実践的な側面を重視する考え方であった[6]。

そこには，学校経営研究を教育法規の解釈と運用という静態的な研究から，学校がもっているさまざまな教育機能を分析し，学校経営を動態的に研究しようとする姿勢がみられた。そして学校組織の構造や職務遂行過程，学校という教育組織体で働く人々や学習する人々の行動等に関心の目が向けられ，研究が進められるようになった。その意味では，教育経営という用語は時代とともに，その意味する内容が変化してきた。

c　教育経営の定義

　今日，多くの研究者により，教育経営に関しさまざまな内容をもつ定義が試みられている。ここで教育経営の代表的定義の一部をごく簡単に分類し，整理してみよう[7]。

(1)多領域を包括した定義

　この定義によると，教育経営は学校教育を含む諸種の教育機関である教育組織体において，学習者の行動の変容を目ざして営まれる人的，物的，運営上のあらゆる教育活動を管理していくことである[8]。ここで管理とは，教育組織体における教育目的達成のための人的，物的，運営上の諸活動の組織化を意味する。そして教育経営の対象として，学校教育や家庭教育，社会教育，企業内教育などを含めた教育のトータルなシステムを提示している。

(2)教育経営の主体に着目した定義

　ここでは，教育経営を営む機関に注目している。教育経営とは「教育実施機関がその目的の実現に向けて，教育そのものを組織するとともに，そのための条件を整備，運営する自律的な活動」[9]であると定義される。また「教育経営は各地域社会が意識的・意図的に，教育事象の効果的推進を目指して行う営為である」，そして「地域社会は学校を営む教育意思と教育手段を有することによって，共同化された教育課題を果たそうとする。その限りで地域社会は教育経営の主体となりうる」[10]のである。この定義では，さまざまな教育組織体が教育経営の主体となりうるという点に特徴がある。

(3)教育経営の過程に着目した定義

　学校は一定の教育目的を定め，その目的を実現するために活動をおこなう組織体であり，一種の経営体としてとらえられるため，その活動は経営活動である。経営とは目標に対して計画が立てられ，それが組織化され，実施され，実施されたものが評価され，その評価がさらに計画へとはね返っていく，つまりマネジメント・サイクルの運動・過程としてあるととらえられる。そして，教育経営は「国民の受教育権を保障する公教育の組織的な管理運営である」と理解される[11]。

　以上，教育経営に関する定義を簡単に分類したが，これらの概念規定は強調点をふまえて分類したものであり，厳密に分類できるものではなく重なり合う

部分も多い。

3 教育経営の展開と開かれた学校

a 教育経営の考え方の展開

すでに述べたように教育経営は,従来の法規適用主義の学校経営を批判して生じた考え方であった。さきほどの教育経営の定義にもみられたように,時代の変化をふまえ今日的状況の中では,教育目的の効果的達成を目ざして,さまざまな教育主体がかかわりを持ちながら,教育過程論をふまえつつ組織的に教育活動に取り組むことが必要になってきた。

もともと個々の学校を1つの経営体としてとらえ,その学校の経営のみを考えていたが,それでは今日の教育の営みを理解するには不十分である。複数の学校をふくむ教育の体系(さしあたり市町村といった行政単位)を経営の単位としてとらえ,新しい教育の理論や思想を基盤としながら,学校教育と広義の社会教育をふくむ,教育全体の経営として把握されなければならないという考え方の出現である。

つまり「教育経営とは,教育の目的を効果的に達成するために,多様化し多元化している現代の教育主体と教育機能を全体的にとらえ,それらを統合し,有機的に関連づけるという視点に立って,教育の営みを把握していこうとする概念」[12]とするものである。すなわち家庭・学校・地域社会という3つの場での教育の関連性や継続性,さらに統一性が強く意識されている。「ここに教育経営の概念は,当初の学校の経営と教育を対象としたものから,社会教育を含めた公教育全体に対象範囲をひろげ,特に市町村を単位とした教育組織体全体の経営という概念に変化していく」[13]ことになる。

現代社会においては,教育主体が多様化・多元化してきている。したがってそれらを統合して,関連づけることが必要になってくるのである。家庭教育や学校教育,社会教育さらに企業内教育など,また幼児教育から成人教育をふくんだ全過程を関連的,総合的に把握するという視点が,教育経営という考え方の中に取りいれられてくるのである。教育経営が学校経営と同じ意味合いで使用されることがあるが,それは教育主体や教育機関を学校に限定しているとい

う理由によるといえよう。

　学校は重要な役割を担っているが，今日学校は学校のみで自己完結的に教育を担当することは不可能である。したがって，学校経営は教育効果をあげるために，社会教育やさまざまな教育機関が果たす教育作用と総合化・統合化することが必要になる。この視点からも教育経営という考え方が重要になろう。学校が社会教育やその他の教育機関と連携・協働し，教育目的を効果的に達成するためには，「開かれた学校（経営）」が必要になる。

b　開かれた学校

　開かれた学校とは，学校が保護者や地域社会の人々，そして学校の構成員（教職員相互）に対して開かれていることを意味する。従来学校は画一的であり閉鎖的，硬直化している等の言葉で批判されてきた。このことが教育荒廃の原因の1つともいわれた。開かれた学校の背景には，学校の教育目的を効果的に達成するために，学校を活性化することが必要であるという考え方が存在する。画一性に対しては多様性を，硬直性に対しては弾力性を，閉鎖性に対しては開放性をもって対処する発想である。開かれた学校の原理として

(1)学校施設を開く
　可能な限り体育施設や教室等，学校の施設を地域住民等に開放する。
(2)機能を開く
　専門的力量をもつ教職員が，地域の知的人材となって保護者や地域社会の人々などに公開講座等の教育プログラムを提供する。
(3)利用者を開く
　生涯学習機関としての学校は，幅広い年齢層の人々を利用者として受け入れる。
(4)組織を開く
　①学校組織──学校が環境の変化に適応していくためには，それに柔軟に対応できる組織としての開放性が求められる。このことにより，地域社会との連携・協働が可能になる。
　②情報公開──可能な限りの情報公開は，保護者や地域住民等の学校理解や意見・要望を，学校に反映するためにも必要である。

(5)児童・生徒一人ひとりに開かれている

　児童・生徒は学力差や学習意欲，さらに生活スタイル等個人差がみられる。したがって個人差に応じた教育・指導が必要になる。

(6)教育の内容・方法において開かれている

　各学校が創意工夫ある教育課程編成をおこなうためには，地域社会の実態を理解し，意見や要望を聞き，それをふまえることが重要になる。

今日の学校はすでに述べたように，社会教育をはじめとするさまざまな教育作用との総合化・統合化を図ることが必要である。そこで開かれた学校ということが重要になり，そのことが特色ある学校づくりにもつながっていく。

4　国・地方公共団体の教育経営

a　国の教育経営

教育経営を,「教育の目的を効果的に達成するための諸条件を整備し，これをPlan-Do-Check-Action（計画－実施－評価－改善）のサイクルにしたがって有機的に運営する仕組みの総体」と考えれば，教育経営は教育行政（社会教育行政）を内包する包括的な概念ととらえることができる。このように教育経営をとらえた場合，教育経営の単位としては(1)学級，(2)学年，(3)学校，(4)市町村，(5)都道府県，(6)国というような単位が考えられる。もちろん，これらの単位は相互に関連しあっている。特に初等・中等教育の場合，国→都道府県→市町村→学校という公的意思の流れが教育制度によって方向づけられ，重層構造をなしている。

日本国憲法第26条第1項は「すべて国民は，法律の定めるところにより，その能力に応じて，ひとしく教育を受ける権利を有する」と定めている。つまり教育を受けることが国民の基本的権利の1つであることを示している。国や地方公共団体の教育経営は，国民の教育を受ける権利を保障することを念頭におきそれぞれ責任を負っているといえよう。

近代国家の原理は法治主義である。国の活動は，法規範に則っておこなわれることをその原則としている。教育に国が関与する場合でも，この原則は適用されるのである。そのために，具体的な諸法令が制定されていると考えられる。

すでに指摘したように，現代の教育は幼児教育から高等教育まで幅広く整備されている。また生涯学習という考えのもと，学校教育はいうにおよばず社会教育をも包摂するというきわめて広い範囲におよんでいるので，法規範も多岐にわたっている。

　国の教育経営の内容に関してはその多くが法令で明示され，法令で規定されたところに基づき，教育経営を展開している。具体的には，教育行政機関としての文部科学大臣と文部科学省によっておこなわれている。その内容については，文部科学省設置法に定められているが（第3条），その所掌事務は98項目にもおよんでいる。それは教育改革や生涯学習，初等・中等教育，高等教育，社会教育をはじめとして公教育経営に関し広範にわたっている。さらに文部科学大臣は教育課程の基準として，小・中・高等学校の学習指導要領を定める権限を与えられており（学校教育法施行規則第52条，74条，84条），初等・中等教育の教育課程のかなり詳細な基準を定めることができるようになっている。

　また文部科学大臣は，「教育の法律主義」のもとで法律を実施するために，または法律の委任を受けて省令を定めることができる（国家行政組織法第12条第1項）。このように法律による一定の拘束を受けるものの，事項によってはかなりの裁量権を行使することが可能である。

　ところで今日国の教育経営を担っているのは，文部科学省や文部科学大臣のみではない。現代社会においては，教育活動が教育の外的要因，たとえば経済発展，財政，人口，労働，科学等の諸分野と連携して進められる必要がある。このことから，文部科学大臣や文部科学省以外の機関も，何らかの形で教育経営に関与しているといえよう。

b　地方公共団体の教育経営——経営主体としての地方公共団体

　地方公共団体は憲法により「その財産を管理し，事務を処理し，及び行政を執行する権能を有し，法律の範囲内で条例を制定する」（94条）ことを認められており，都道府県であれ市町村であれ，教育の事業経営にも一定の重要な機能を果たしている。たとえば地方自治法によると，地方公共団体は「地域における事務及びその他の事務で法律又はこれに基づく政令により処理することとされるものを処理する」（地方自治法第2条2項）と規定されている。このよう

に地方公共団体は，都道府県や市町村にかかわらず地方自治体として各種の事業経営の主体たる地位を与えられている。都道府県と市町村が処理している教育関係の事務は，両者に共通するものが少なくないが，都道府県は市町村を包括する広域の地方公共団体として，市町村が処理することが適当でないと認められるものを処理することになっている（同法第2条5項）。

ところで教育事業の経営に重要な位置を占めている学校のうち，市町村は学齢児童生徒を就学させるに必要な小・中学校の設置を，また都道府県は特別支援学校の設置を義務づけられている（学校教育法第38条，第49条，第80条）。そして市町村と都道府県は設置した学校を管理し，法令に特別の定めのある場合をのぞいては，それらの学校の経費を負担しなければならない（同法第5条）。このように，地方公共団体は教育事業を経営し管理することにおいて重要な位置を占めているが，特に地方公共団体の長と教育委員会の役割は重要である。

c 地方公共団体の長と教育委員会の職務権限

地方公共団体の長は，当該地方公共団体を統括し，これを代表する地位にあり，教育事業にも部分的にではあるが重要なかかわりを持っている。教育事業関係の事項に関しては，主として以下のような権限を持っている。

(1)公立大学を所管し，その教職員の任命権を持つ（地教行政第24条1項等）。
(2)大学，高等専門学校以外の私立学校の設置・廃止の認可（地教行法第24条2項，私立学校法4条等）。
(3)教育委員の任免に関する事務（地教行法第4条1項等）。
(4)教育財産の取得および処分，教育委員会の所掌事項の契約の締結，教育予算の執行などを行うこと（地教行法第4条3〜5項等）。
(5)教育事項に関する条例案，予算案の議会提出案の作成（地方自治法第96条，第211条等）。

地方公共団体の長はこのような職務権限を通じて，地方の教育事業に大きな位置を占めるとともに，一般行政との調和・均衡を保ちつつ教育事業を推進する役割を担っている。

つづいて教育委員会の職務権限をみてみよう。地方公共団体の教育事務を所管する機関が教育委員会である。この教育委員会は地方公共団体の長の権限に

所属する事務をのぞき，当該地域における教育・学術・文化に関する事務を経営管理する権限が与えられている。教育委員会の職務権限は，いずれも地方自治法や地教行法等の法律に明示されている。その主なものを整理してみると以下のようになろう。

(1) 教育委員会自体に関する事務である。教育委員会は法令・条例の範囲内で教育委員会規則，所掌事務に関する規則を制定でき，自己の内部組織を決定することができる。

(2) 学校教育に関する事務である。教育委員会は種々の学校を設置，経営管理する。具体的には都道府県教育委員会は高等学校，特別支援学校を設置し経営管理する。また市町村教育委員会は小・中学校を設置し，施設設備を整備し経営管理する。

(3) 学校などの教職員に関する事務である。都道府県教育委員会は県費負担教職員等の任免，教職員の勤務条件の決定や県費負担教職員の服務の監督に関して，市町村教育委員会への一般的な指示を行う。

(4) 社会教育に関する事務である。教育委員会は公民館，図書館等の社会教育機関を設置し，これを経営管理する。またさまざまな社会教育事業を実施したり，社会教育資料の作成を行う。

このような職務権限は，都道府県教育委員会と市町村教育委員会により執行されるが，両者は原則的に独立している。しかし地教行法第48条にも規定されているように，都道府県教育委員と市町村教育委員会は相互の連絡を密にして，教育に関する事務の適正な執行に努めなければならないことになっている。したがって，都道府県教育委員会は市町村教育委員会に対して指導・助言・援助をおこなう立場にあるといえよう。

5　家庭，学校，地域社会の協働と教育経営

a　協働による教育の推進

中央教育審議会答申「21世紀を展望した我が国の教育の在り方」(第1次答申，1996〈平成8〉年7月) において，子どもの教育に関し「学校で組織的・計画的に学習する一方，地域社会の中で大人や様々な年齢の友人と交流し，

様々な生活経験，社会体験，自然体験を豊富に積み重ねることが大切である」と指摘している。子どもは，学校生活の中で教師や友達と出会い諸能力を開花させていくと同時に，家庭や地域社会の中でも多くの人と出会い，人としての生き方やあり方，善悪を判断する力，社会規範や価値観などを身につけて成長していく。

　このことは子どもの教育をめぐる諸問題を，学校と教師のみの問題として考えることは意味をなさないということを示している。今日のように高度化・複雑化した社会においては，周知のように学校が自己完結的に子どもの教育を担うことは不可能である。教育基本法第13条にも規定されているように家庭，学校，地域社会が協働して子どもの教育を担うことが必要である。

　ところで，協働という言葉はよく耳にする言葉である。その意味するところは(1)複数の主体が共通の目的や課題をもち，(2)それらの主体が対等に利益を得るとともに，(3)対等に責任を負う，ということをふまえて活動に取り組むことである。家庭，学校，地域社会の協働は関係者相互の信頼感を高めると同時に，子どもに対する教育目的の効果的達成につながっていくものと思われる。地域ぐるみの子ども教育支援に立つ教育観を保護者や教師，地域の人々そして教育行政関係者が共有する体制づくり，つまり協働体制づくりを推進していくことが重要になる。そのためには，学校の教育活動に保護者や地域の人々，さらに企業関係者等が自主的に参加・協力できる「地域参加型教育体制」づくりを進めていくことが求められる[14]。

b 「協育」ネットワークシステムの構築

　子どもを取りまく環境が急激に変化し家庭，学校，地域社会の教育力が低下しているといわれる今日，子どもの健全な成長発達は特定の教育機関の担当のみでは，不可能であるということはすでに指摘した。そこで家庭，学校，地域社会など三者を中心とするさまざまな機関や組織が子どもの教育に関与することが必要になる。家庭，学校，地域社会が協働して子どもの教育にあたることを，今ここで「協育」という言葉で表現しよう[15]。

　「協育」とは家庭，学校，地域社会が連携しそれぞれが各自の教育機能を補完・融合し，協働して子どもの教育を担当するという考え方である。家庭と学

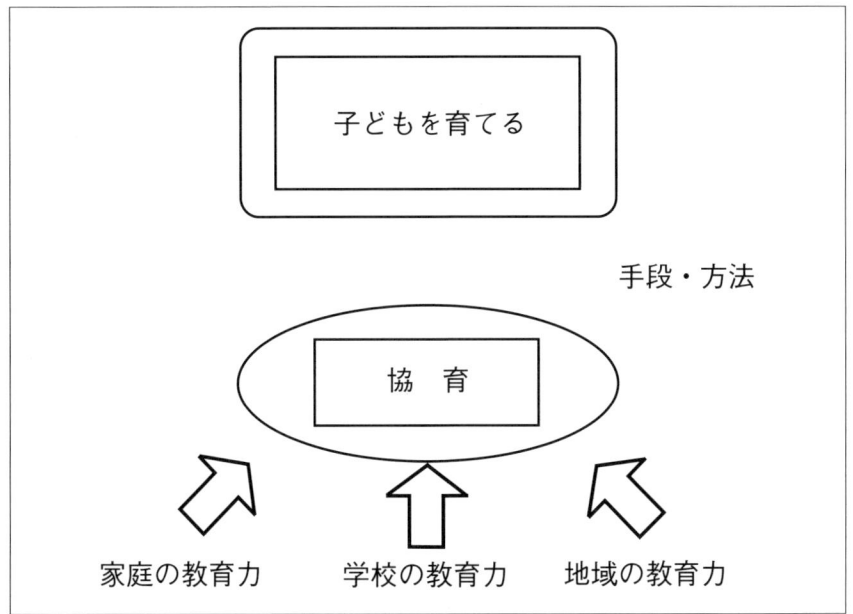

図1-1 「協育」のイメージ図

校，地域社会の三者が協働してこそ教育効果を十分に発揮することが可能になる。そのためには日常的に三者が協働しあう「協育システム」の構築が重要になる。この三者による「協育システム」の効果構築こそ，まさに「教育経営」の発想なくしては不可能である。教育目的の効果的達成をめざして，この三者による組織・機構をいかに構築し経営していくかという視点である。

　「協育」は，教育目的を効果的に達成するための1つの手段・方法と考えられる。この「協育」ネットワークづくりは，地域社会の一定のエリア内で子どもの教育に関する情報を共有しつつ，日常的に学校支援や地域活動等を協働しておこなうシステムづくりである。そのためには活動を推進するコーディネーターが重要になる。このコーディネーターの配置や育成には教育行政が重要な役割を果たす必要がある。このように「協育」ネットワークシステムの構築や充実に関しては，教育行政の役割は大きいといえよう。同時に教育委員会部局と首長部局が教育目的の効果的達成に向けて，まさに協働することこそ重要で

ある。教育経営という考え方を導入してこそ，このような活動が可能になるといっても過言ではない。

引用・参考文献
(1)今日大人社会，子ども社会を問わず凶悪な犯罪等が起きている。
(2)西穣司「経営学的研究」日本教育経営学会編『教育経営研究の理論と軌跡』玉川大学出版　2000年　272頁
(3)久高善行「教育の経営に関する基礎概念」久高善行・仙波克也編著『教育経営』ミネルヴァ書房　1992年　5頁
(4)山崎清男「経営」『教育行政事典』教育開発研究所　2001年　CD版
(5)細谷俊夫「学校経営の基本問題」教育経営学会編『学校経営の基本問題』明治図書　1959年　12頁
(6)前掲(3)に同じ　7頁
(7)南部初世「『教育経営』概念の課題──『教育行政』概念との関連に着目して」に詳細にまとめられている（『日本教育経営学会紀要』50号　2008年　14－25頁）。
(8)大島三男「教育経営」『教育経営事典』第2巻　ぎょうせい　1973年　67頁
(9)小島弘道「3. 教育経営概念の検討」『日本教育経営学会紀要』第25号　1983年　35頁
(10)吉本二郎「教育経営の課題　教育と教育経営」日本教育経営学会編『現代日本の教育課題と教育経営』ぎょうせい　1987年　229頁
(11)伊藤和衛「教育経営の研究と方法」伊藤和衛編著『教育経営の基礎理論』第一法規　1974年　3頁
(12)河野重男「教育経営」『現代教育大事典』第2巻　ぎょうせい　1993年　190頁
(13)前掲(3)に同じ　8頁
(14)有薗格『開かれた教育経営』教育開発研究所　2007年　2頁
(15)「協育」という表現はよく使用されているが，筆者もメンバーである大分県社会教育委員会議は答申「地域社会の協働による子どもの健全育成の方策について」（2006年11月）のなかで独自な観点から「協育」システムの構築に関し有益な提言を試みている。

2章　学級の経営

1　学級経営のコンセプトと目標

　学級経営とは，学級教育の目標をもっとも有効に達成するため，学級担任が総合的な計画を立案し，運営していくことをいう。具体的には，学級という集団の中で，担任が中心となって子どもたちの普段の生活や学びのあり方，規律・規範などを指導していく。まさに，生活指導と学習指導を両輪として，日常的に子どもとともに学級を動かしていく営みこそが，学級経営にほかならない。

　それには，子どもたちの発達段階に応じた取り組みや子ども理解が欠かせない。たとえば，小学校の低学年は，自己中心的で親や担任に依存的な面が少なくなく，自律心は低い。活動期・成長期でもある中学年を経て高学年になると，自律心も高まり，担任に依存するよりも自分たちで問題を解決しようという態度が身に付く。したがって，高学年には，上級生として大きな集団のリーダーの役割が期待されよう。

　このような子どもたちの発達段階や実態を把握して学級担任は，望ましい学級像や子ども像についての自己のビジョンや考え方を明確にし，その学級ならではの教育目標を打ち出そうとする。たとえば，自分が担任する学級の「この子らをどのような子どもに育成しようとしているのか」「そのためにどのような学級をつくろうとしているのか」などを具体的な目標に仕立て上げていく。それには一人ひとりの子どもの個人目標や保護者の願いなどとの整合性を図りながら，学校経営の方針を受けて全体的に相互に関連する学級教育の目標を立ち上げていくことが大切である。それにより各学級の経営がそれぞれの学年，学校全体の経営に連動し，1つの組織体としての学級の機能が十全に果たされよう。

　その際，自分が受け持つ学級の経営コンセプト，目標，方策がはっきり目に見えるようにしておくのが望ましい。それは学級経営の透明性に通じ，アカウ

ンタビリティ（accountability：説明責任）をよりよく果たすことにもなるからである。ただし，学級経営のコアでもある一人ひとりの子どもの学業成績については，プライバシー上の制約を設けておく必要がある。

　こうして学級教育の目標が確立すると，それを計画（Plan）・実践（Do）・評価（Check）・改善（Action）というマネジメントサイクル（以下 PDCA と略記）に乗せていけば，目標達成の効果がより高まるであろう。このサイクルを目標達成に向けてらせん状に運営すると，それにつれ質的に高まっていくからである。これは一般の企業経営で目標管理（Management by Objectives）と呼ばれる手法にも通じるであろう。そこで，まず，学級経営計画づくりに移っていこう。

2　学級経営計画

　学級経営計画は，学級経営案とも呼ばれる。その作成様式が定まっているわけではなく，学級担任が中心となってその学級ならではの教育目標を見定め，それを具現しようとするものである。それに学級経営計画は，それぞれの学校の教育目標および学年の教育目標，経営方針などを受けて策定されるため，その内容は一様ではない。しかし，一般的には次のような内容で構成されている。⑴学級教育の目標および学級経営の基本方針，⑵学級の実態，⑶生活（生徒）指導・学習指導の基本方針，⑷保護者・地域との連携，⑸学級経営の評価などである。

　このような内容を盛り込んだ年間の学級経営計画を学級担任は，年度の当初に立ち上げる。この年間計画は，学期・月・週・毎日の計画へと発展，実施されていく。それには当然，学級での授業計画や授業実施（教室移動等）計画などの教科（学習）指導だけでなく，学級活動に対しての計画が含まれる。学級活動は，学級会活動，当番・係活動，文化・レクリエーション活動のような学級行事など多様であるので，それらを的確に指導していくためにも指導計画が欠かせない。ただし，学級は生きものであり，絶えず動き変化しさまざまな課題を浮上させるので，設定した計画に固執することなく弾力的な対応が求められよう。

3 学級経営の実践

a 規律・規範の確立

こうして学級経営計画が立ち上がると，それを実施する段階に入る。そこでは当初，人為的につくられた学級にただ集まってきているだけの子どもたちを，一定のまとまりのある組織体，つまり集団に育て上げていくことが課題となる。それには，学級集団の秩序を維持していくための集団規範の確立が欠かせない。その意味でも学級のルールを作って誰もがそれを守り，それによって学級の集団規範を自分たちのものとして身に付けていく必要がある。

ところが，往々にしてこの筋書き通りにいかない状況がみられる。少子化の中で王女様，王子様として育てられた子どもが増え，私事化現象（自己中心的な行動）が広がり，ルールを守るという規範意識すら身に付けていない。このためルールが守られない集団不成立の学級や，せっかくルールによって成立した集団が子どもの反発で学級崩壊を招くといったケースなども見られ，学級経営は原則通りにはいかず困難度を増している。

では，このような現状にどのように対応したらよいのであろうか。これまでにも，規律を守り学級集団の秩序を維持する手立てについては，さまざまな処方箋が描かれてきた。それらをみてみると，規律を厳しくするものと，逆に子どもに寄り添って優しく対応するものとに大別できよう。厳しくすれば反発が起こり，優しくすれば付け入って崩壊に歯止めがかからない。つまり，どの程度統制し，逆にどの程度自由を許容するかがフォーカスとみてよい。それらを自由と統制の観点からバードン（Burden, P.）は，教師による低度の統制アプローチ，中程度の統制アプローチ，高度の統制アプローチの3つに分類，整理している[1]。

(1)低度の統制アプローチ

このアプローチでは，子どもは自分の行動を合理的に決定し統制する潜在力（capability）をもっている，ととらえる。したがって，教師の役割は，そのような力を子どもが発揮できる学級環境を作り上げていくことである。このアプローチをとる教師は，非指示的介入により子どもをかなり自由にして支持的な

学習環境を創出しようとする。代表的な論者ジノット（Ginott, H.）によると，教師は子どもの感情にあったメッセージを伝え，子どものニーズや願いを機敏に受け入れ信頼して，子どもの自尊心を守りながら高めていく。

(2)中程度の統制アプローチ

この立場では，発達は内からの力と外からの力の相互作用によって生じると考える。子ども中心の考え方を受け入れるが，学習は集団レベルで起こるとする。したがって，集団のニーズを子ども一人ひとりのニーズよりも上位に位置づけている。このアプローチをとる教師は，適度に介入して，子どもに自分が決めて行動したことを自覚させる責任があるとする。これは，ドライカーズ（Dreikurs, R.）の主張する方法で，教師と子どもが協議してルールを決め，それを破ったときには，それ相応の罰（所定の結果）が与えられる。したがって，教師と子どもはルールを守るよういっしょになって前向きな学級風土づくりの責任を負う。子どもに責任のある選択をするように教え，自分が決めたことを経験させることにより，適切な振舞い方を理解させる。

(3)高度の統制アプローチ

子どもが成長していくのは，内的な潜在力が現れるのではなく，外からの条件によるものである，という考え方である。したがって，教師は，子どもの望ましい行動を選んで，それを強化し，不適切な行動を排除する必要があるという立場である。つまり，このアプローチでは，子どもの環境を統制する教師の役割を重視し，子どもの自律性や自己統制力にはあまり重きを置いていない。

さて，以上のアプローチの中から当該学級の実情に合わせてもっとも適切なアプローチを選定して実践していくのが学級担任の経営手腕の見せ所といってよい。担任が自分の学級の実態をにらみ，自分の教育観に合致したアプローチを選ぶことによって思想と行動の一貫性（言行一致のもつ教育的意義）が貫かれる。それによって子どもたちに教師の姿勢がよりはっきり見えるようになり，子どもは言行一致による教師を信頼するようになると考えられる。

しかし，これはあくまで一つの原理的な考え方であって，現実にはその時代の教育風潮と当該学級の実態を的確に読み込んだ対応が求められよう。加藤十八は，アメリカの学級崩壊の先例を引き合いに出し，「教師は指導者でなく援助者になるべきである」という進歩主義の教育理念（1920年代の子ども中心主

義)や「子どもが悪いのではなく制度が悪い」という教育の人間化理念(1970年代の非管理教育)の後を追ってはならないと警告する。「この教育風潮によって70年代,80年代のアメリカの教育は,学級崩壊ともいえる状態となり,学力と規律の低下は目を覆うばかりとなってしまった」という。加藤はさらに言葉を継いで「非指示的指導にことのほか価値を認めて,生徒の自主性に任すなど観念的指導論を絶対視してはならない」[2]とまで言い切っている。つまり,上述の低度の統制アプローチを厳しく批判しているのである。

確かにわが国では,現在でもなお非指示的指導に傾き,自律性や自己統制の力が身に付いていない子どもをあまりにも自由にし過ぎていないだろうか。不適切な行動には,それ相応の責任がともなうことをしつけないと学級の秩序は保たれない[3]。

さて,学級経営の実践は,学級の規律・規範の確立だけでなく,学級集団の経営,生活(生徒)指導と学習指導,カリキュラムの経営,教室環境の経営,学級事務の経営と家庭および地域社会との連携など広範囲に及んでいる。以下,順を追ってみてみよう。

b 学級集団の経営

子ども自体が成長・発達していくように学級集団も発達を遂げる。学級集団の発達過程については,大きく2つのとらえ方がある。その1つは,学級集団が探りの段階から始まり,形成期,安定期を経て最後に終末期の段階を迎える[4]。このように学級集団は単線的,段階論的な発達過程をたどるとする。一方,もう1つは学級集団を異化し続けることで進化する[5]ととらえる。この中で前者が通常の発達といえよう。しかし,絶えず成長・変化を続ける子どもたちと教師との人間関係そのものも非連続な面があるので,学級集団の発達も異化しつつ進化する面を否定できない。したがって,学級担任は学級集団の連続または非連続の発達の動態に絶えず意を配りながら学級経営を進めていく必要があるといえよう。

しかし,これだけでなく,望ましい学級集団の経営には,乗り越えていかなければならないいくつかの局面が待ち受けている。第1に,学級担任は,教師と子ども,子ども同士が互いに信頼し,支持し合うような学級集団づくりに心

を砕く。「学級の集団づくりは，人間関係づくり」といわれるように，好ましい人間関係が学級集団づくりの基盤でもあるからである。しかも，学級集団の中で子どもの自尊心や協調性が高まっていくと，子どもが互いに支え合う「支持的風土」(6)が醸成でき，学級集団の凝集力も強まっていく。そうなると，子どもの学習要求が高まり，相互の学び合い，かかわり合いも深まり，居心地良く，快適な学び，学び合い，教え，教え合う学級集団が創出されよう。

　第2に，このような人間関係づくりの輪を同学年，校内だけでなく保護者等へも拡げていくと，学級が閉じられた王国ではなく，子どもや保護者等もかかわる開かれた参加型学級へと発展していくであろう。このような学級経営のあり方は，いじめ・不登校など学級集団内で生起するさまざまな問題への対応上からも求められる方向といってよい。

　第3に，よく，「学級経営は，子ども理解に始まり，子ども理解に終わる」とまでいわれるように，学級担任は子ども一人ひとりの学業面だけでなく，生活面（健康状態や趣味的活動など）の実態やニーズ，それぞれ異なった目標を的確にとらえておかなくてはならない。同時に，まとまりのある学級集団としての特性やニーズを認知しておく必要がある。こうして子どもたちのニーズと教師の思いや親の願いとのギャップが埋められていくと支持的な学級集団づくりに効果をあげられよう。

　最後に，学級が目指している目標や方針の達成が課題となる。安定した人間関係の豊かなまとまりのある学級集団づくりといっても凝集力を高めただけでは十分とはいえないであろう。それは，学級集団の維持の方向へは効力を発揮するが，学級目標の達成というパフォーマンスの方向への機能は不十分だからである。つまり，いかにまとまりのある学級集団にするかという課題にとどまるのではなく，いかなる目標の達成をねらって学級集団を経営するのか，そのために学級の誰もがみんなのために自分の役割をしっかり果たそうとする役割取得能力をいかに高めるかが問われなければならない。

　学級集団の経営は，単なる仲良し集団づくりにとどまらず，その上に学習集団をいかに築くかが課題なのである。知的探究のモラール（士気）が高まるような学級集団の経営が最終的に目指されるべきである。

c　生活（生徒）指導と学習指導

　生活指導（一般に生徒指導と呼ばれる）は，それぞれ学級単位と学校単位とに大きく役割を分担できよう。学級では学級担任が中心となって，一人ひとりの子どもの学級生活，集団への適応，コミュニケーションの促進，服装・髪型・所持品，挨拶の仕方などの生活指導への取り組みがなされよう。実際，学級担任は，日常の学級の経営プロセスで，集団活動を通して一人ひとりの子どもに直接接していく中で，生活態度や具体的な行為・行動を指導できる立場にある。また，機会をとらえて随時に指導することもできる。その意味でも学級集団の経営において生活指導の果たす役割は大きいといえよう。もともと学級という集団生活は，社会化機能を持っているので，それを活用して社会性や社会的成熟度を高めていく経験を積み，望ましい態度や行動の形成が目指される意義は大きい。

　一方，学校では，生活指導主任が中心となって少年非行対策，事故防止，交通安全，校則遵守など，学校全体で取り組む組織的な生活指導が求められよう。しかし，生活指導は学級単位であれ学校単位であれ，いずれも教職員が一丸となって取り組む態勢づくりが必要なことはいうまでもない。それどころか，学級，学校を超えて保護者や地域との連携を密にしなければ実際には少年非行や交通安全，リスクマネジメントなどの問題は解決しがたい。

　学級集団は，学習指導にかかわる学習集団としての機能も担っている。学習指導は，本来，教科の学習を通して子どもの学力を向上させようとするものであり，その主な内容は学習への構えや話し合いの方法，板書やノートの取り方，各教科の学習過程，評価の方法，課題・宿題についてなどである。これらの学習指導に当たって学級担任は学習集団のもつ機能を活用して，みんなで考え協働して，新しい見方や考え方に到達できれば，子どもたちの達成感や充実感が増すにちがいない。この点での学習集団は単に学力の向上だけでなく，協働活動によって協調性や創造性を育むといった人間形成に大切な役割を果たしている。

d　カリキュラムの経営

　カリキュラム（一般に，基準カリキュラムと呼称）の大綱は，国によって定め

られ，学習指導要領に基づき学校のカリキュラムに組み込まれていく。それを実際にそれぞれの学級によく合った実践カリキュラムに仕立て上げて効果的な運営を図る営みが学級のカリキュラムの経営といってよい。

　カリキュラムの構造は，小・中学校では各教科，道徳，特別活動および総合的な学習の時間の4つに分けられるが，高等学校では各教科・科目と特別活動および総合的な学習の時間の3つから成り立っている。いずれにせよ，学校教育では授業が生命（いのち）であるからには，その母胎となるカリキュラムづくりは，授業の基盤をなす学級経営の中核とみてよいであろう。したがって，学校経営のレベルで編成したカリキュラムをそれぞれの学級の実態に応じて一人ひとりの子どもに合ったカリキュラムに仕立て上げ，指導計画や単元を作成して運営していくというカリキュラムマネジメント（教育課程経営）は，学級を経営するうえでも大切な取り組みといえよう[7]。

　実際，そのための機は，学校，学級内外で熟しているとみてよい。科学技術の革新，グローバル化，多文化化，高度情報化などが進む中で価値観が多様化し，カリキュラムの基準でさえ絶えざる変容を迫られている。カリキュラムの内容・方法と子どもたちの学習ニーズとの乖離の度合いが高まっているからである。このためカリキュラムづくりにおいても個別化が進み，従来の全校レベルから学年レベルへ，さらには学級レベルへとカリキュラム編成の作業が移行してきている。

　子どもを個別的に熟知している学級担任の方が一人ひとりにぴったり合ったカリキュラムをつくりやすいからである。国もこうした状況をキャッチし，カリキュラムの基準の大綱化・弾力化を打ち出し，それぞれの学校ひいては学級が独自のカリキュラムを開発できる余地が大きくなってきた。「総合的学習の時間」や学校設定教科，科目，総合実習などは，実際，教育効果の面でも独自のカリキュラムづくりが求められよう。加えて，生涯学習時代に必要な自己主導的学習能力を活かした探究型の学習を進めるうえでも一人ひとりに合ったカリキュラムづくりの意義は大きい。

　これらの事情から学級の教育や経営の目標達成のためのカリキュラムをどうつくり，運営していくかというカリキュラムマネジメントが学級においても課題となっているとみてよい。

カリキュラムマネジメントとは，教育の目標を実現するためにカリキュラムの編成・実施・評価・改善という一連のマネジメントサイクルに乗せて，組織内外の諸資源（人的・物的）を活用し，一定の成果を生み出す営みである。したがって，実践カリキュラムの作成にあたり，(1)学習機会の拡充（「幼小連携」から「高大連携」にまで至るそれぞれの学校レベルのタテの連携や地域とのヨコの連携の促進）や情報提供・公開（学級のカリキュラムマネジメントに関する情報をホームページに載せて提供），(2)形成的評価による子どもの学習成果，理解度のチェックとこれらの結果を踏まえたプランニングの修正[8]などの問題にも配慮する必要がある。

　実践カリキュラムの運用においては，「総合的な学習の時間」や総合実習などのように学級担任が単独に対応するよりは，むしろ学級間，学年間で協働して当たった方が指導効果を期待できるものも少なくない。

　さらには，地域の人材やICT（情報コミュニケーション技術）を活用して地域の実態に適合すると同時に，地域を超えるグローバルな視点に立った実践カリキュラムづくりが不可欠である。ことにカリキュラム実施の場面では，閉じられた「学級王国」に陥らないで，子どもが学びや生活の窓を教室外（学級外）へと開き，豊かな外部環境にふれて，学校や学級内外の人々とのネットワークをつくることによりコミュニケーション能力，ネットワーク能力や対人関係能力などの社会性向上につながる諸能力を高めていくことが求められよう。

e　教室環境の経営

　教室のタテ（壁面）ヨコ（フロア）の両スペースとそれを満たす空間（照明，温度など）をどのようにデザインして教授・学習に最適な環境を創り出すかが教室環境を経営する上でのねらい所といってよい。机や教具などの整備の仕方が知らず知らずの間に子どもに影響を与える隠れたカリキュラム（hidden curriculum）として教授・学習過程や教室の秩序に影響を与えるからである。したがって，学習の意欲や雰囲気を高めるのに効果的な教室環境を創り出すには，教室のスペースを教育的にデザインし，運用する必要がある。それには，まず，子どもの机や椅子・教卓・書棚（図書）・ファイルキャビネット・テーブルなどの配置を工夫してフロアのスペースを整えていく。次いで，教科書や

資料などの教材・教具・備品などを，使用頻度を考慮して整備・保管していく。さらに，壁面・空間に黒（白）板・掲示板・展示（物），さらにはOHP，TV，パソコン，観察用の飼育や栽培の装置など多種多様な教材・教具を整え，活用して教室の秩序や学習の雰囲気を高めていく。

　これらの諸点を踏まえた教室全体のデザインが，教授・学習の物的，心理的環境の整備・運用にかかわり，さらには子どもたちの学習環境への関心を高め，教育的に意味のある環境づくりを推進するのに役立つであろう。その意味では子ども自身が，展示や掲示，ワーク・ラウンジなどの環境づくりにかかわっていくことの教育的意義は大きい。

　最後に，学級における環境経営を教室外・学校外へと広げ，保護者や地域の人々の参加を得てビオトープの実施など，子どもたちが主体的に体験できる校外環境の整備が望まれよう。開かれた参加型学級経営の全体像をにらみながら，学級の教育目標を効果的，効率的に達成するにはどうしたらよいのかという視点から，学級をハード，ソフト両面にわたってトータルにデザインし，子どもや保護者等とともに教育的にいかに意味ある環境づくりを進めていくかが学級経営にあたる担任教師にとっても，子どもたちにとっても地域にとっても大切な課題といえよう。

f　学級の事務経営と家庭および地域社会との連携

　学級の事務処理に関しては，法令に定められた表簿である児童・生徒指導要録，出席簿，健康診断票などの整理，記入および保管がある。その他，転入・転出の処理，事故報告，会計事務の処理，通知票の作成，評価など学級事務は広範囲にわたっており，それらを計画的，能率的に処理することが求められよう。

　次いで，学級と家庭および地域との連携については，学級経営の目標を達成する上でも欠かせない取り組みである。その意味で，学校PTAの下部組織として学級・学年PTAが位置づけられているとみてよい。学級担任は，学級PTAや学年PTAの活動や個人面談，家庭訪問，学級通信などを通じて，保護者とのコミュニケーションを日常的に深め，協力関係をつくっておくことが望まれよう。

g　組織開発による学級経営

　これまで学級経営の6つの内容事項について触れてきたが，学級経営はこれ以外にも学級での危機管理（トラブル処理）や教科学習，道徳指導，特別活動，総合的な学習の時間などの運営，授業経営などさまざまな事項にわたっている。そこで，学級経営の効果・効率を高めるには，これらを操作上，次の4領域に区分して対応するのが望ましい。

　第1は基盤経営である。これは学級の教育目標の設定や学級経営計画の策定，学級活動や係活動の組織づくりなどである。第2は，教育課程経営（カリキュラムマネジメント）である。学級の実践カリキュラムの作成と運営，各教科・道徳・特別活動・総合的な学習の時間の指導計画づくりと学習指導・生活指導の運営，教材研究や授業展開づくりなどである。第3は，集団経営である。子どもの実態把握と集団内の規律・規範の確立と人間関係づくり，学級経営の両輪である学習集団づくりと生活集団づくりなど学級集団づくりに関する内容である。第4は，環境経営である。教室環境の経営やリスクマネジメント，学級の事務運営，保護者や地域社会との連携などである。これらの4領域を構成する事項は，日常的には複雑に絡み合って展開されているので，それらに個別にかかわっていたのでは学級経営の効率をあげにくい。そこで，これらを組織開発[9]によって全体に相互に関連する組織に立ち上げ，革新を図ることが求められよう。

　組織開発の統一的な定義は今までのところ確立していないので，ここでは組織全体の能力や機能を最大限に発揮させて計画的に革新を図ること，ととらえておく。このように組織開発をとらえて，まず，子どもの組織の持つ学び合い，教え合う力や学級の文化・風土に働きかける文化力に注目したい。一般に，学級では当番や係活動，学級集会活動，学級会運営活動などが組織されているが，これらの組織内だけでなく学級間や学年間（異年齢集団での学級会やホームルーム）でもかかわり合い，それらが生き生きとした組織力を強め，ひいては開かれた参加型学級，つまり「学び，学び合い，教え，教え合う」学習コミュニティーに形成されるよう企図していく。

　次に，学級経営を基軸にしたさまざまな教師組織を学習する組織（革新をね

らった学習のパターンを継続的に組み込んでいく組織)へと変えて教育力を高めるよう,組織開発を試みる。悩みを抱えた子どものシェルターともなりやすい保健室や図書館にかかわる教職員,とりわけ養護教諭やスクールカウンセラー等の組織的対応にかかわっていく。

最後に,教師と保護者で立ち上げているPTA組織の組織開発が求められよう。PTAはその組織的な教育力を生かして,開かれた参加型学級,つまり学習コミュニティー形成という目標達成に取り組む実践体制づくりが期待されよう。

さて,これまでのところでは,マネジメントサイクルに乗って学級経営の計画・実践に触れてきた。最後に学級経営の評価と改善に移っていこう。

4 学級経営の評価と改善

a 学級経営の評価

学級経営のねらいやその実現の手立て,実効性などをとらえ直し,改善策を施して学級経営を前進させるために行われるのが学級経営の評価である。一般に学級経営の評価方法としては,観察法・質問紙法・テスト法・面接法・被評価者の記録などがある。これらの使用に当たっては,評価のねらいや評価者・評価対象の特徴,評価の時期,内容などを考慮して選択する必要がある。いずれの方法をとるにしても次の点への配慮が欠かせない。(1)評価の目的・対象・基準・方法の明確化,(2)形成的評価と総括的評価の実施,(3)自己評価と他者評価の実施,(4)評価結果の活用などである。

学級経営の評価は,これまでは一般に学級担任による自己評価が主流であったが,近年では他者評価が行われる場合が多くなってきた。保護者や地域住民に対しての学級経営の説明責任が問われるようになってきたからである。学級経営の評価が,その学級だけの問題ではなく,学校経営,保護者,地域住民との連携やネットワークのあり方にもかかわるようになってきた。

こうして学級経営の評価が重層的に行われるようになったが,いずれにせよ学級経営の成果と問題点をとらえ直し,学級経営の再構築を図ることによって学級経営の教育効果を高めようとしていることに変わりはない。そのために評価面でもPDCAがよく活用される。そこで,ここではこの各レベルの評価に

ついてみていこう。

(1)計画段階の評価は，学級教育の目標を達成するための学級経営計画が，学級の実態を踏まえてどこまで望ましい学級経営像，子ども像などを反映して策定されているか診断，評価することがポイントとなる。

(2)実践レベルでの評価では，学級経営の目標，学級経営計画（案）が，どの程度効果的に実践されているかを重視した評価となる。学級経営の実践領域や事項は多岐にわたっている。これらそれぞれの実践活動に対し，子ども一人ひとりの適合状況をにらみ合わせ，適宜，形成的評価をし，学級経営計画を修正しながら，いかに新たな行動に結び付けていくかが点検のポイントとなる。同時に，学級経営の領域をそれぞれ実施した後の成果の評価を行い，はたしてどこまで「目標と評価の一体化」が達成されたかを診断することが求められよう。

(3)評価面での評価には，担任による自己評価や校長，教育委員会，保護者などによる他者評価，子どもによる自己評価，相互評価などがある。いずれにせよ，重層的に評価を重ねていけば，独善やマンネリに陥りやすい自己評価の限界を超えて評価の質を高めていくであろう。さらに，学級経営の実態を当初の学級経営目標や計画と引き比べてチェックし，直ちに行動に移すという迅速な評価結果の活用により学級が活性化されていくであろう。

学級経営にかかわって起こる問題には，学級担任と子どもや保護者との思いや願いのズレに起因しているものも少なくない。子ども，保護者が学級経営評価に参加することにより，学級担任の学級経営上の問題点がいち早く摘出される意味は大きい。

b 学級経営の成果の活用と改善

学級経営の PDCA のうち，C（チェック）は担任が行っている学級経営に対して担任自ら評価を下す自己評価が中心となるが，他の教師集団，子ども，保護者などによる他者評価の結果も併せて点検・診断を下さなければ自己満足に終わりかねない。

そこで，既存の評価組織を革新し，教師集団，保護者などで組織的に自己評価，他者評価，成果の活用を進める体制づくりが求められよう。これには，教師誰もが参画し，評価・成果の活用によって学級教育ひいては学校教育の質の

向上が目指されよう。そのために具体的な学級経営の目標達成度や方法，子ども・保護者などと担任の学級経営に対するニーズのずれなどをチェックし，教師集団，保護者などで組織する評価・成果の活用組織によって課題を明らかにし，改善策を打ち出す。その際，組織の参画者は，誰もが学級経営の向上を目指す当事者であるという認識を共有しておく必要がある[10]。それによって学級の目標，計画，規律・規範の確立などの基盤経営，教室環境の経営，カリキュラム経営などが，学級ひいては学校の教育目標を実現するためにどのように機能し，教育効果を上げるためにどこに問題があるのかを組織的に点検しないかぎり，せっかくの評価は成果が上がらないからである。こうして教師集団，保護者などが参画し，点検・評価・改善を組織的に行う組織開発を進めていけば開かれた参加型学級，ひいては学習コミュニティーの実現への礎が着実に築かれていくであろう。

引用・参考文献

(1) Burden, P. *Classroom Management* Wiley/Jossey-Bass 2005 pp.15-39.
(2) 加藤十八「学級の規律——アメリカの学校に学ぶ」学校教育研究所編『学級経営の現代的課題』学校図書 2004年 60-61頁
(3) 辰野千壽「学級のしつけ」学校教育研究所編『学級経営の現代的課題』学校図書 2004年 65頁
(4) 蘭千壽・古城和敬編『教師と教育集団の心理』誠信書房 1996年 100-103頁
(5) 蘭千壽「学級集団」西林克彦・近藤邦夫・三浦香苗・村瀬嘉代子編『教師をめざす』新曜社 2000年 68頁
(6) 高旗正人編『学級経営重要用語300の基礎知識』明治図書 2000年 72頁
(7) 中留武昭・田村知子『カリキュラムマネジメントが学校を変える』学事出版 2004年 36頁
(8) 同上 26頁
(9) 北神正行編『リーダーシップ研修』教育開発研究所 2004年 73頁
(10) 渡部邦雄・加々美肇編『中学校若手教師の学級経営テキスト』明治図書 2007年 147頁

3章　学校の経営

1　学校経営施策の動向

a　学校経営のコンセプト

　学校において，子どもの教育の中心は，教師と子どもが直接関わり合う実践のうちにある。一方で，学校における教育は，教師個々人が自分だけの考えで勝手に行っているわけではない。子どもが学校にいる期間の中で，どのような環境を設定し，どのようなカリキュラムや経験を用意し，どのような役割分担（人）や資源配分（物，金）によってそれらを実現していくかについて，学校単位で考えていかなければならない。これらをデザインすることが学校の経営という営みである。

b　学校経営の方向づけ

　近年の学校経営のありかたの方向づけの基礎となっているのは，1998（平成10）年中央教育審議会答申「今後の地方教育行政のあり方について」である。学校経営に関する次の4点を確認しておこう。
　第1に，学校経営において個々の学校の裁量が拡大される方向にシフトした。個々の学校には一定の裁量が認められているが，文部科学省を頂点として，都道府県教育委員会，市町村教育委員会を経る「指導・助言」等が通知などとして現場に届くという上意下達式のあり方が，現実には支配的となっており，一方で，「上意」に依存するという学校経営を導いてきた。こうした状況では，個々の学校や地域が抱える問題を克服したり，独自にねらいを定めて個性的な学校経営を行ったりしていくことができないし，そうした自律性を学校経営に求めていくことができなくなる。そこで，学校により大きな裁量を認め，それを生かしていく学校経営を求めるように転換したのである。
　第2に，校長のリーダーシップを強化して，組織的，機動的な学校運営の体制基盤づくりが求められるようになってきた。学校を取り巻く環境の変化が速

く，大きくなってきている今の社会では，意思決定のスピードや思い切った決断が求められる。日本の学校組織は，教師という専門家の横並び集団という意識が強く，校長も教師が昇進する職として位置づけられているため，同じ専門家どうしとしての民主的で平等な議論が，より尊重されてきた。このこと事態は重要なことであるが，議論を尽くそうとする余り，意思決定が先送りされて，環境の変化に即応できないといった事態もありうる。したがって，校長の意思決定の権限を拡大して，迅速に意思決定して迅速に実践に反映する，つまり機動的に経営することを目指すという方向性が示されたのである。

　第3に，学校自らがそれぞれの教育の内容や成果を公開し説明責任を負うという体制が一般化してきた。このことは，主体的，自律的で個性をいかした学校経営への変化を促すにあたり，ではその学校の個性は何なのかということが問われるようになってきたことにかかわっている。学校は，どこに行っても文部科学省の意向をそのまま反映した金太郎飴ではなく，一定の基準に従いながらも，個性を持つ存在としてその多様性が認められるようになってきた。とすると，学校の利用者（児童生徒，保護者）サイドからすると，ではこの学校はいったいどのような学校なのか，何に価値を置き，どのような実践を行っているのかなどが明らかにされなければならない。そのため，学校に対する評価とその公表，学校が自ら行っていることを外部に向けて説明する責任が強調されるようになってきたのである。こうした方向性は，学校が自らの学校経営の実践を見直し，言語化し，改善していくことにより，学校の教育の水準を向上させていくことを促す原動力としても期待されている。また学校が，緩やかに結びついた専門家の集団というより，明確な目標とその成果を評価される1つの機能的なシステムとして捉えられるようになってきたことと関係がある。

　第4に，保護者や地域住民の学校運営への参画が進められてきている。児童生徒を教育するという営みは，学校，家庭，地域社会の関係性の中で互いが自然にそのバランスを調整しながら展開してきた。しかし現代では，地域社会や家庭のあり方の変化から，児童生徒の教育の比重が学校に過剰に大きくかかるようになってきて，学校だけで児童生徒の問題を解決することが困難になってきた。一方で学校が，問題を指摘されないようにするために自閉的で自己完結した組織となってしまって，問題が起こっても体裁を繕うことにエネルギーが

費やされるといった事態も見られるようになってきた。こうした閉塞的な状況を改善するために，利用者や第三者が学校の経営に関与しながら，良識的なチェックを働かせるという，開放的なシステムによる学校経営が求められている。このことは同時に外部からの不要な干渉も導いてしまうが，学校側は説明責任を試され，社会の良識に照らした反省的な経営を迫られ，また地域社会に，学校とともに児童生徒を育てるという気運が広がるという意義を持っている。

こうした改革の方向性は，まさに学校の主体的，自律的で積極的な「経営」が求められている時代になってきたことを示している。

2 学校経営の組織

a 人員の配置

学校教育法により，学校には従来，校長，教頭，教諭を置くこととされている。また，「調和のとれた学校運営にふさわしい校務分掌の仕組みを整える」ために，主任・主事を置くことができる。教務主任，学年主任，保健主事が置かれ，中学校以降では，生徒指導主事，進路指導主事も置かれる。

さらに，2007（平成19）年6月27日の学校教育法の改正により，「学校における組織運営体制や指導体制の確立を図る」ため，幼稚園，小・中学校等に副校長，主幹教諭，指導教諭という職を置くことができることとされた。

それぞれの職務内容は以下のようになっている。なお，以下の条文等は小学校について述べているが，中学校等に準用される。

校長は，「校務をつかさどり，所属職員を監督する」（学校教育法第37条4）。学校の経営に係る一切の教育，事務を掌握し，遂行していく責任者であり，教職員すべてに対してその監督の責を負っている。

教頭は，「校長を助け，校務を整理し，及び必要に応じて児童の教育をつかさどる」（同法第37条7）ことをその職務としており，「校長に事故があるときはその職務を代理し，校長が欠けたときはその職務を行う」（同法第37条8）。教頭は，学校経営のいわば調整役であり，また校長のリーダーシップを補う職務である。

今般の学校教育法改正で加えられた各職の職務内容は次のように規定されて

いる。

　副校長は,「校長を助け,命を受けて校務をつかさどる」(同法第37条5)とされており,教頭に比べて,調整役やパイプ役ではなく,校長の補佐という意味合いが明確になっている。

　主幹教諭は,「校長等を助け,命を受けて校務の一部を整理するとともに,児童生徒の教育等をつかさどる」(同法第37条9)とされ,教頭に比べて,現場での教育実践にもより直接かかわりながら,学校経営の幹部組織の一部をになうことになる。以上2つの職において,校長の「命を受けて」,とあくまで校長のリーダーシップの下にあることが強調されており,校長のリーダーシップの強化という施策動向に沿ったものとなっている。

　指導教諭は,「児童生徒の教育をつかさどるとともに,他の教諭等に対して,教育指導の改善・充実のために必要な指導・助言を行う」(同法第37条10)こととされ,同僚や後進の専門職的成長を促すメンターとして位置づけられている。このことは教師が採用時に完成された専門家ではなく,キャリアの中で成長していく存在であるという認識をさらに明確に打ち出したものであり,教育職員免許法の改正において示された教員免許の更新制(教育職員免許法第9条)と連動している。

　　b　学校組織の意思決定
　学校組織を運営していく上で,組織的な意思形成・決定が重要な要素の1つである。組織のメンバーは組織としての意思決定に従って仕事を進めていくことになるが,その内容あるいは手続きに納得ができなければ,あるいは意思決定に参画しているという意識が持てなければ,職務への意欲や満足度に影響し,仕事の質に問題が生じるだろう。また,先にも述べたとおり校長の権限は強化されたが,実際の運営においては,教職員個々の専門的な見識が大いに発揮されるべきである。そこで「職員会議」が置かれる。職員会議の性格については3つの見解がある。第1に,校長の職務遂行のための補助機関または諮問機関という考え方,第2に,教員の専門性に照らして,職員会議を意思決定機関とする考え方,第3に,職員による学校経営への参画と捉える見方である。

　法的には2001(平成13)年の学校教育法施行規則の一部改正で,校長の職務

の「円滑な執行に資するため，職員会議を置くことができる」（学校教育法施行規則第2条2）とされ，補助機関として位置づけられた。しかし，運用する上で，教員の専門性に配慮しながら第2，第3の位置づけも考慮することが望ましい。

　職務を効率的，効果的に遂行していくためには，学校でのさまざまな仕事の配分が必要になってくる。これが「校務分掌」である。校務分掌は学校によりさまざまだが，概ね，総務部（予算，広報など），教務部（教育課程編成，行事など），研修部（研修計画，実施など），研究部（授業研究など），生徒指導部（生活指導，相談など），保健部（健康管理など）などが置かれる。また必要に応じて委員会を設置するなど各学校で工夫されている。

c　学校経営の過程

　学校経営の過程における重要なタスクを以下に挙げてみよう。
　第1に，学校がめざすべきアイデンティティを経営ビジョンとして創出し，示していくことである。個々の学校の個性や特色が重視される時代において，学校がどのような児童生徒を育てることをミッションとしているのか，学校が何に価値を置き，そのために何をしていくのか，といった，学校が進んでいくべき方向性を示し，共有していくためのグランド・デザインである。これは，児童生徒にどのような力をつけたいのか（学校の教育観），家庭や地域社会の特性はどのようなものか（環境要因），学校が児童生徒，保護者，地域から何を求められているのか（社会的ニーズ），教職員の専門性，資質・能力がどのようなものか（教師の役割と機能）などの変数によって検討され，定義されていく。
　第2に，学校ビジョンを実現するための具体的な行動計画として，学校経営計画を策定していくことである。その基盤としての，組織編成や運営のあり方の立案も含む。これには，短期，中期，長期の計画があり，教育委員会は3年程度の中・長期的な展望を求めている。また目標とその達成時期について，目標の数値化も含めて，設定することが求められるようになってきている。そしてその達成度を評価，公表して説明責任を果たし，新たな計画につなげることが求められている。学校は，かつてに比べて，組織としての成果をより目に見える形で示すことが求められるようになってきているのである。このことが，

教室での教育実践に，ポジティブにせよネガティブにせよ，どのような形で影響を及ぼすのかについては，検討し続けていく必要があるだろう。また，学校に対する補助金等の弾力的な運用や特色ある学校への重点的な配分などが徐々に広まる傾向にあり，学校事務・財務について自律的な運用の余地が広がりつつある。資源の効果的な調達や配分についても，計画的な経営が求められている。

　第3に，学校評価が挙げられる。学校教育法第42条によると，小学校（中学校等にも準用）は，「小学校の教育活動その他の学校運営の状況について評価を行い，その結果に基づき学校運営の改善を図るため必要な措置を講ずることにより，その教育水準の向上に努めなければならない」。具体的には，学校教育法施行規則において，自己評価（66条），保護者その他の学校関係者評価（67条）を規定している。これらは，自らの評価，利用者等関係者の評価であり，さらに客観的なものとして第三者評価の導入も検討されるべきであろう。アカウンタビリティ（費用対効果としての説明責任）が重視される昨今では，学校が何らかの評価を自らに課し，その結果を公表していくことは必然である。ここでは2点の課題を指摘しておきたい。1つは，評価が点付けや格付けのためのものでなく，利用者への説明責任を果たすことと，学校自身の教育や経営の改善への資料となるものであるという意義を確認することである。もう1つは，評価尺度を絶対視せず，評価尺度自体の妥当性も検討しながら，評価のあり方自体を改善し続けることである。教育とその経営という営みに，成果主義と呼ばれるエートスが無自覚にしみこんでしまわないよう，数値化できるもの，短期的に測定できるものと，数値化できない，短期では成果が見えない，簡単に答えが出ないような実践の諸要素をきちんと仕分けすることが必要である。

　第4に，教育実践に密接にかかわるものとして，教育課程の経営が挙げられる。教育課程とは，発達段階に応じて児童生徒たちが学んでいく内容の，体系化された総体である。個々の学校ベースの自律的な経営が求められるようになってきた昨今，教育課程の策定においては，学習指導要領をそのままなぞるのではなく，学校のビジョンや特徴，地域社会の特質などを考慮してカスタマイズした，School-Based-Curriculum-Development（SBCD：学校に基礎を置くカリキュラム開発）が強調される。学習指導要領では，従来，教育課程につい

て「諸法令を踏まえ地域や学校の実態および児童生徒の発達段階を考慮して各学校が編成する」とされていた。近年の動向は，「各学校が」の部分に，より実質的な意味を持たせることが意識されたものだといえる。カリキュラム開発に際しては，児童生徒の学力や発達の多様性について，特別な支援を必要とする児童生徒の状況も含めてマネジメントしていくことが必要である。

　第5に，危機管理が挙げられる。いじめ，不登校，暴力，非行など教育実践上の諸課題，保護者や地域とのトラブル，事故，災害等に対する危機管理について，直接関係する個々の部署や担当者における取り組みはもちろんのこと，組織としてどのような考え方のもとで，どのような体制で，どのような手順で危機への対応に臨むかについてのフローが策定され，共有される必要がある。ただしその際，手順に従って対応しさえすれば事足りるというマニュアル主義に陥らないようにしなければならない。本来の趣旨，たとえばいじめへの対応であれば，単にいじめた児童生徒を罰したり，世間体を繕うためのアリバイづくりに走ったりすることなく，いじめ・いじめられた児童生徒双方への教育的な働きかけと児童生徒の育ちを最優先に据え，最善の効果が上がるように図る必要がある。

d　学校経営の参画者

　学校を経営するのは誰なのか。「経営」というからには，経営者，つまり校長がまずその責を明確に負うことになるが，専門家の集まりである学校においては，経営の過程に，一人ひとりの教職員の参画が欠かせない。このことは自律的な専門家としてのモラール（やる気）にもモラル（倫理）にも関係してくる。校長の制度上の権限がより強調されるようになってきているとしても，その判断のもとになるのは，一人ひとりの教職員がその実践において得た専門的な知見である。

　近年，学校の開放性や透明性，説明責任への要求が高まり，制度として明確化されてきている。学校教育法第43条では，小学校が（中学校等にも準用）「保護者及び地域住民その他の関係者の理解を深めるとともに，これらの者との連携及び協力の推進に資するため，当該小学校の教育活動その他の学校運営の状況に関する情報を積極的に提供するもの」とされた。そして学校経営に，保護

者や地域住民が，さらに児童生徒も関与することが普及しつつある。関与の仕方も，学校の説明を受けて了承するといった形式的なものから，学校ビジョンの策定や学校経営計画策定への参画といったより積極的，実質的なものへと変化してきた。このことは多様な考えや意見の学校経営への流入を意味する。こうした情報を効果的に扱い，活用することが現代の学校経営上の課題の1つである。

3 学校のマネジメント

a PDCAサイクル

学校経営の過程は，PDS（Plan-Do-See：計画－実践－評価）または，PDCA（Plan-Do-Check-Action：計画－実践－評価－改善）というサイクルで示すことができる。近年では，評価と改善を明確に意識した後者が主流となってきている。

まず，目標の明示された計画が策定され，次にその計画に基づいて現実的な調整のもとで実践がなされ，その結果を目標に照らして評価し，さらに評価の結果を受けて改善に取り組むというサイクルである。ここで重要なことは，このサイクルが一周で完結しているものではないということである。

基本的に，このサイクルは絶えることなく繰り返され，また同じトラックを周回するのではなく，らせん状に上昇していく，つまり学校における教育や経営の水準が，サイクルの循環とともに向上していくものと考えたい。現実的には上昇というより状況に応じて変化していくという性質のものなのかもしれないが，質の向上を意識するための理解の仕方と考えよう。

自主的，自律的な学校経営を進めていくためには，PDCAサイクルを具体化していく必要があり，そのためのシステムの1つが先に述べた学校評価なのである。

b 学校の組織文化

学校組織の経営が現実に進んでいく際には，組織の公式の構造や手続きだけでなく，組織の成員の実際の行為のあり方や，考え方が大きく作用している。そこで学校経営のリアリティについて考えていく際に，「組織文化」という概

念が役に立つ。組織文化とは，ある組織のメンバーに共有された価値，思考様式，行動様式などである。これには，暗黙の，つまり自明視されていてふだんはふりかえることのない価値や考え方の次元，自覚的に認識できる価値，考え方や象徴の次元，さらに言葉の使い方，感情のあり方，行動様式など行為として表れる行為の次元がある。

では学校組織には，どのような組織文化を醸成していけばよいのだろうか。まず，学校組織にしばしば見られる，ネガティブな組織文化から見ていこう。ここでは，「相互不干渉主義」と「共同歩調主義」を挙げておきたい。

相互不干渉主義とは，お互いに本音を出し合うこともなく，自分の城＝クラスに閉じこもり，意見交換や開かれた議論などが活発に行われないことである。ここには，お互いすでに完成され自律性を持った専門職なので，お互いのやることに口出しをしない，といった建前としての専門職論が作用している。裏を返せば，自分も何も言われたくないという，自分の資質・能力に対する不安や自信のなさにかかわっている。相互に閉鎖的になることで，必要と思われるアドバイスさえ躊躇し，見て見ぬふりを決め込むことになる。結果的に，教職員間の生産的なコミュニケーションが低減し，学校組織全体の活力が失われることになる。

共同歩調主義とは，相互不干渉主義が存在する一方で，同僚と過剰なまでに同調行動を見せる傾向である。「出る杭は打たれる」として，「足並みをそろえる」ことを優先して同僚を過剰に気遣うことになる。感情的な軋轢を過剰なまでに忌避し，また自分の資質・能力の不足があらわになることを恐れる心理が働いて，他の人にとにかく合わせたり，他の人の個性的，創造的な行動を抑圧したりするようになる。これは質の高い，「共通理解」とはまったく異なり，創造的な教育実践や生産的な議論を抑制することになる。

こうした組織を脱却して，活力ある生産性の高い学校経営の文化へと導くためには，「協働（collaboration）」と「同僚性（collegiality）」が必要である。

協働とは，「学校及び教師に課せられた教育課題をより効果的・効率的に達成していくために，教師が同僚教師と協力的・相互依存的にかかわり合うこと」である。ハーグリーブズ（Hargreaves, A.）は，同僚教師間の関係性による教師文化を四つに分類している[1]。(1)教師が各々の学級に閉じこもり，相互

に孤立するために相互不干渉主義が支配する「個人主義の文化」，(2)小グループが形成されて反目し合うために学校内に対立や葛藤がもたらされる「分割主義の文化」，(3)家族的なまとまりのある雰囲気が醸成されているものの，決してぬるま湯的なものでなく，教師相互の開放性・信頼性に支えられた相互依存的で改善志向的な協働を志向する「協働文化」，(4)行政的・制度的命令に従うために自発的な性格が弱い協働が展開される「企てられた同僚性の文化」である。学校経営の自律的，創造的な展開を促すためには，(3)の意味での「協働文化」が求められる。

　同僚性とは，「教育実践の創造と相互の研修を目的とし，相互に実践を批評し高め合う同僚関係」である。リトル（Little, J. W.）の研究[2]によると，改善や改革を促進させた学校の教師集団には「同僚性の規範——教師相互の成長と改善を志向する頻繁かつ厳しい相互作用を当然視する規範」が見られるとし，具体的には，「(1)授業について日常的に話し合う，(2)授業設計・教材開発・教育方法開発を共同で行う，(3)同僚の授業を観察し合う，(4)新しいアイデアや実践方法などについて同僚間で相互に教え合う」といった営みを見出した。

　同僚性に基づく協働的な学校経営が展開されるような組織文化を備えることが，教育実践の水準の向上を導くのである。

c　リーダーシップとフォロワーシップ

　では，学校の組織文化をどのようにして同僚性に基づく協働的なものへと変革していくことができるだろうか。専門家たるもの，自ら自覚して自律的に取り組むことによって，望ましい組織文化が自己組織的に導かれることが理想かもしれない。しかし，他の職業と同様，教師も人によりその価値観，能力，資質，意欲などさまざまであるので，現実的には，多様な教師の集団をまとめ上げる営み，つまりリーダーシップが必要になる。そのもっとも重要な役割を担うのは校長である。校長の権限が強化されてきたということは，そのリーダーシップに大いに期待が寄せられているということである。

　組織文化をよりよい方向に導くのが，校長の重要なリーダーシップの1つである。組織文化は目に見えないし，文書で通知すればそれを各教職員が粛々と履行するといった性質のものではない。組織文化はその学校を不可視的に支配

しているインフォーマルなルールや価値であるために，校長の日ごろの何気ない言葉やふるまいが，組織文化を左右していくことになる。

　たとえば，学校のビジョンについて，校長自らが実践しながらその背中を見せ，また同様の教職員を公式・非公式に評価すれば，教職員はこの学校では何が価値であるかを学習する。校長が大枠を提示する以外は，教職員を信頼して仕事を任せ，責任は自らがとるという姿勢を示せば，教職員は思い切ったチャレンジを促され，改善や変革が進みやすい文化が醸成されるだろう。

　リーダーシップは，必ずしもぐいぐい組織を引っ張るようなカリスマ的で強力なものである必要はない。たとえば，教頭など他の管理職と調整しながら主任の前面でのリーダーシップを支援するなど，校長のパーソナリティとスタッフの資質に応じた多様性があってよい。しかしいずれにせよ，ビジョンと評価基準の明確さと，率先して規範となるふるまいが求められることに違いはない。

　また，リーダーシップは校長だけのものではなく，各分掌，学年等における，サブシステムのリーダーシップが考慮に入れられなければならない。

　一方で，教職員のフォロワーシップも重要である。いかに優れたリーダーといえども完璧ではない。また校長となる人も多様である。しかしリーダーの資質に少しばかり疑問符がつくからといって，学校のよりよい経営をあきらめるわけにはいかない。どこの学校にも児童生徒がおり，この子どもたちにとっては，その学校がすべてである。

　とすると，フォロワーの側も，校長のリーダーシップの特質を理解して，自らがどのようなフォロワーとして校長とその学校経営のあり方に向き合っていくかを考えなければならない。リーダーシップが強力すぎる場合には暴走を防ぐべく，あえて対立軸を作り出して再検討を迫ったり，あるいは校長の意見に大筋で従いつつも，必要な修正を周到に組み込んでいったりするようなストラテジーも必要であるかもしれない。また，校長のリーダーシップが不明瞭で確たる見解が見出せない場合，たとえば教務主任であれば，校長の同意を取り付けつつも，実質的には教育課程の経営においてリーダーシップを発揮するというふるまい方も必要であろう。

　学校の経営において，また組織文化のマネジメントにおいて，校長のリーダーシップはいうまでもなくもっとも重要である。しかし，実際に学校が組織

として十分機能するよう効果的に経営が進んでいくかどうかは,リーダーシップとフォロワーシップの関数として決まってくるという側面を持っていることに留意したい。

　個々の学校はそれぞれ多様な環境の下にある。1つひとつの学校が,それぞれが置かれている社会的な文脈において,それぞれの存在の意味を見出し,創り出し,社会的使命を明確にし,それをもとにした目標管理の下で,その成果を確かなものとしていくという,主体的,自律的な学校経営がますます求められている。

引用文献

(1) Hargreaves, A., *Changing Teachers, Changing Times: Teachers, Work and Culture in The Postmodern Age*, OISE Press, 1994.
(2) Little, J. W., "Norms of Collegiality and Experimentation: Workplace Conditions of School Success", *American Educational Research Journal*, 19(3), 1982.

参考文献

篠原清昭編著『スクールマネジメント――新しい学校経営の方法と実践』ミネルヴァ書房　2006年
曽余田浩史・岡東壽隆編著『新・ティーチング・プロフェッション――教師を目指す人へのエール基礎・基本』明治図書　2006年
菱村幸彦編集『よくわかる最新教育法規の改正点――最新法令改正のポイントを解説（ザ・特集 No.16)』教育開発研究所　2008年

4章　教師の職務と制度

1　教職員の種類と職務

a　教職員の種類と配置

　学校に勤務する職員は，教育活動に直接かかわる教育職員と教育活動を間接的に支える事務職員などから構成され，その両者を合わせて教職員と呼んでいる。法令上，学校に置かれる教職員の職種は，学校教育法や地方教育行政の組織及び運営に関する法律，学校保健法などにより規定されている。それは表4－1に示すように，多様なものとなっている。社会の変化や子どもの実態等に対応して，学校に期待される役割・機能も複雑化，高度化，専門化しており，その職務を担う教職員も多様化の傾向にあるといえる。たとえば，栄養教諭の職は，食育の重要性の観点から2004（平成16）年の学校教育法の一部改正により導入されたものであり，また，副校長，主幹教諭，指導教諭の職は学校におけるマネジメント機能の重視や教職キャリアの複線化の観点から2007（平成19）年の同法の一部改正により導入された職である。

　こうした学校における教職員の職種と職位の多様化・分化は，学校教育本来の活動を充実させるように配慮されるべきであるが，現実には，公立義務教育諸学校の学級編制及び教職員定数の標準に関する法律などによる定数枠や財政面の事情などによって，教育条件の改善が阻害されていることも多い。特に教員の定数については，学級編制基準の改善と連動させながら，公教育の質の向上，勤務負担の軽減のために，早急に改善を要する課題である。

b　教職員の職務

　学校に置かれる教職員が担う職務については，表4－2に示すような内容が学校教育法等で規定されている。校長は学校の経営責任者として，校務掌理権と所属職員監督権が付与されている。副校長および教頭は校長を補佐する職務を担っている。また，新たに設置されることになった主幹教諭も校務の一部を

表4－1　学校に置かれる教職員の職種と配置

職種	学校種別					
	幼稚園	小学校	中学校	高等学校	中等教育学校	特別支援学校
校（園）長	◎	◎	◎	◎	◎	◎
副校（園）長	△	△	△	△	△	△
教頭	○	○	○	○	○	○
主幹教諭	△	△	△	△	△	△
指導教諭	△	△	△	△	△	△
教諭	◎	◎	◎	◎	◎	◎
養護教諭	△	○	○	△	○	○
栄養教諭	△	△	△	△	△	△
助教諭	☆	☆	☆	☆	☆	☆
講師	☆	☆	☆	☆	☆	☆
養護助教諭	△	☆	☆	△	☆	☆
実習助手				△	△	△
技術職員				△	△	△
寄宿舎指導員						注2
事務職員	△	○	○	○	○	○
学校医	◎	◎	◎	◎	◎	◎
学校歯科医	◎	◎	◎	◎	◎	◎
学校薬剤師	◎	◎	◎	◎	◎	◎
その他必要な職員	△	△	△	△	△	△

注1：◎必置職員，○特別の事情があるとき，置かないことができる職員，△置くことができる職員，☆特別の事情があるとき，必置職員に代えて置くことができる職員
注2：寄宿舎を設けた特別支援学校には，寄宿舎指導員を置かなければならない。

表4－2　教職員の職名と職務規定

職名	職務規定
校（園）長	校務をつかさどり，所属職員を監督する。
副校（園）長	校長を助け，命を受けて校務をつかさどる。 校長に事故があるときはその職務を代理し，校長が欠けたときはその職務を行う。
教頭	校長（副校長を置く小学校にあっては，校長及び副校長）を助け，校務を整理し，及び必要に応じ児童の教育をつかさどる。 校長（副校長を置く小学校にあっては，校長及び副校長）に事故があるときは校長の職務を代理し，校長（同上）が欠けたときは校長の職務を行う。
主幹教諭	校長（副校長を置く小学校にあっては，校長及び副校長）及び教頭を助け，命を受けて校務の一部を整理し，並びに児童の教育をつかさどる。
指導教諭	児童の教育をつかさどり，並びに教諭その他の職員に対して，教育指導の改善及び充実のために必要な指導及び助言を行う。
教諭	児童の教育をつかさどる。
養護教諭	児童の養護をつかさどる。
栄養教諭	児童の栄養の指導及び管理をつかさどる。
助教諭	教諭の職務を助ける。
講師	教諭又は助教諭に準ずる職務に従事する。
養護助教諭	養護教諭の職務を助ける。
実習助手	実験又は実習について，教諭の職務を助ける。
技術職員	技術に従事する。
寄宿舎指導員	寄宿舎における幼児，児童又は生徒の日常生活の世話及び生活指導に従事する。
事務職員	事務に従事する。
学校医	学校における保健管理に関する専門的事項に関し，技術及び指導に従事する。
学校歯科医	同上
学校薬剤師	同上

整理することを通して校長・副校長・教頭を補佐する役割を担うことが規定されており、鍋蓋型(なべぶた)組織とされてきた学校組織をピラミッド型の組織に転換して、経営の効率化を図ろうとしているといえる。

これらの職と並んで新設された指導教諭の職務は、「教諭その他の職員に対して、教育指導の改善及び充実のために必要な指導及び助言を行う」とされているように、教育指導面での指導職という位置づけがされている。従来、学校の教員は教諭―教頭―校長の単一のキャリアルートしかなかったが、指導教諭職の新設によって、教諭－指導教諭というもう一つのキャリアルートが構築されたといえる。教員は自らのキャリア設計・開発をどのようなルートによって描いていくかが問われる時代になったといえる。

教諭の職務規定である「児童の教育をつかさどる」については、直接的な授業活動のほか、教材研究、成績評価、指導案の準備、保護者との連絡など付随的あるいは間接的な教育活動、教室・教材管理、出席簿・指導要録・内申書等の記入などの指導事務活動、他の教員との協働的活動、部活動やクラブ活動等の指導などがその内容となる。これらは、学級担任、教科担任という教諭の職務から導き出される職務内容であるが、加えて、学校組織の一員として各種委員会や担当する部・係等の仕事を担うことになる。校務分掌というものであり、組織としての学校運営を担う役割である。

2　教職員の身分と服務

a　教職員の身分

公立学校の教員は、地方公務員としての身分を有しており、地方公務員法の適用を受ける。と同時に、教員は教育公務員としての性格も併せ持ち、地方公務員法の特例法である教育公務員特例法の適用も受ける。そこでは、「教育を通じて国民全体に奉仕する教育公務員の職務とその責任の特殊性に基づき」(教育公務員特例法第1条)、教育公務員の任免、分限、懲戒、服務、研修に関して、一般公務員とは異なる取扱いがなされることが規定されている。なお、教育公務員の適用を受ける者は、学校教育法第1条に規定する学校の校長（園長）、副校長（副園長）、教頭、主幹教諭、指導教諭、教諭、助教諭、養護教諭、

養護助教諭，栄養教諭，講師である。

b 服務の根本基準

　服務とは，一般に組織のなかで守るべき基本的な規律や義務をいう。公務員の場合，憲法第15条第2項に規定されている「すべて公務員は，全体の奉仕者であって，一部の奉仕者ではない」という基本的な性格を踏まえ，地方公務員法第30条で「全体の奉仕者として公共の利益のために勤務し，且つ，職務の遂行に当たっては，全力を挙げてこれに専念しなければならない」と服務の根本基準を定めている。また，教育基本法第9条第1項では，「法律に定める学校の教員は，自己の崇高な使命を自覚し，絶えず研究と修養に励み，その職責の遂行に努めなければならない」と，教職という職務を遂行するに当たっての使命・職責を定めている。

c 服務義務

　公務員の服務義務は，大きく職務上の義務と身分上の義務に分けることができる。このうち，職務上の義務は主として勤務時間内に職員が職務を遂行するに当たって守らなければならない義務であり，以下のようなものがある。
　①服務の宣誓（地方公務員法第31条）——条例の定めるところにより，服務の宣誓を行い，全体の奉仕者として公共の利益のために勤務することを署名押印することである。
　②法令及び職務上の上司の職務命令に従う義務（同法第32条）——憲法，その他関係法令，条例，教育委員会が定める規則・規程等に従うこと。また，上司（校長，教頭，教育委員会）が発する職務上の命令に忠実に従う義務をいう。
　③職務に専念する義務（同法第35条）——法律や条例に特別な定めがある場合を除き，その勤務時間中はその職務の遂行に全力を尽くす義務をいう。この職務専念義務の免除には，休職や停職，任命権者の承認を得た兼業，校長の承認を得た学校外の研修，育児休業，年次休暇等がある。
　身分上の義務は，勤務時間の内外を問わず，職員がその身分を有する限り，職務の遂行とは関わりなく守らなければならない義務である。そこには，次のようなものがある。

①信用失墜行為の禁止（同法第33条）──その職の信用を傷つけたり，職全体の不名誉となるような行為を禁止するものである。何が信用失墜行為に該当するかは，個々のケースを社会通念に照らして判断されるが，飲酒運転による交通事故，破廉恥行為，収賄行為などが一般的であり，教員の場合，一般の公務員より厳しい基準が適用される場合が多い。

②秘密を守る義務（同法第34条）──職務上知り得た秘密を漏らしてはならない「守秘義務」をいう。私的，公的を問わず，在職中はもちろん，退職後も漏らしてはならない。指導要録，発表前の入試問題や合否結果，児童生徒のプライバシーに係わる事項等が該当する。

③政治的行為の制限（同法第36条）──政党その他の政治的団体の結成に関与したり，役員となったり，団体への勧誘活動をしたりする「政治的行為」について，国家公務員なみの制限が加えられる（教育公務員特例法第18条）。

④争議行為等の禁止（同法第37条）──労働関係にある当事者が，その主張を貫徹する目的で行う行為を争議行為という。同盟罷業（ストライキ），怠業（サボタージュ），職場閉鎖（ピケッティング）などの職務の能率を低下させる行為や，それを企画したり，そそのかしたり，あおる行為を禁じている。

⑤営利企業等の従事制限（同法第38条）──教員の場合，教育に関する他の職を兼ねたり，教育に関する他の事業・事務に従事したりすることが，教員としての本務の遂行に支障がないと任命権者が認める場合に限り，給与を受けあるいは受けないで兼職・兼業することができるという特例が認められている（教育公務員特例法第17条）。

3　教職員の資格・免許と人事

a　教員の資格要件

教員になるためには，一定の資格が必要となる。まず，原則として各相当の教員免許状を有しなければならない（教育職員免許法第3条）。各相当の免許状というのは，各学校種別に，また各教科担任制の場合は各教科別に免許状が必要ということである。これを「免許状主義」といい，教員に求められる専門性を担保するものである。

免許状には，普通免許状，特別免許状，臨時免許状がある。普通免許状とは，学校の種類ごと（中等教育学校を除く）の教諭，養護教諭，栄養教諭の免許状で，専修免許状（修士の学位が基礎資格），一種免許状（学士の学位が基礎資格），二種免許状（短期大学士の学位が基礎資格）に区別される。特別免許状は，教育職員検定の合格者に対して授与される。学校や地域の実情に応じた専門的知識技能を有するもので，教育職員としてふさわしい者に対して授与される学校の種類（幼稚園と中等教育学校を除く）ごとの教諭の免許状である。臨時免許状は，普通免許状を有する者を採用することができない場合に，教育職員検定に合格した者に対して授与される，学校の種類ごとの助教諭，養護助教諭の免許状である。いずれの免許状も，授与権者は都道府県の教育委員会であり，普通免許状は授与された日から10年間，すべての都道府県で効力を有し，特別免許状は10年間，授与された都道府県内で効力を有する（2009〈平成21〉年4月1日より施行）。臨時免許状は，授与された日から3年間，授与された都道府県内のみで効力が認められる。

　教員になるためのもう1つの資格要件は，教員になることができない要件（「欠格事由」）に該当しないことである。この欠格事由の要件については，地方公務員法第16条に加え，学校教育法第9条，教育職員免許法第5条で定められている。具体的には，(1)18歳未満の者，(2)高等学校を卒業しない者，(3)成年後見人又は被保佐人，(4)禁固以上の刑に処せられた者，(5)免許状が失効した日から3年を経過しない者，(6)免許状取り上げの処分を受け，その処分から3年を経過しない者，(7)日本国憲法施行の日以降において，日本国憲法又はその下に成立した政府を暴力で破壊することを主張する政党その他の団体を結成し，又はこれに加入した者，である。

b　教員免許更新制

　2007（平成19）年6月の教育職員免許法の改正によって「免許更新制度」が導入されることになった。この制度のポイントは，(1)目的は，その時々で教員として必要な最新の知識技能を身につけること，(2)2009（平成21）年4月1日以降に授与された教員免許状に10年間の有効期間が付されること，(3)2年間で30時間以上の免許更新講習の受講・修了が必要となること，(4)2009年3月31日

以前に免許状を取得した者にも更新制の基本的な枠組みを適用すること，である。免許状更新講習の内容は，(1)全教員が必ず受講すべき「教育についての省察並びに子どもの変化，教育政策の動向及び学校の内外における連携協力についての理解に関する事項」（12時間以上），(2)学校種・教科種等に応じた内容を扱う「教科指導，生徒指導その他の教育の充実に関する事項」（18時間以上）の合計30時間以上である。

　こうした免許更新制には，すべての教員が社会状況や学校教育が抱える課題，子どもの変化等に対応して，その時々で必要とされる最新の知識・技能等を確実に修得することが可能になるという意義がある。また，教員免許状は国・公・私立学校を通じた教員資格であり，現職教員以外にも多くの教員免許状保有者がおり，そこに更新制を導入することは，免許状保有者や教員全体に対する保護者や国民の信頼を確立する上で大きな意義を有するといえる。しかし，その一方で不適格教員の排除システムとして機能する側面も有しているのも事実であり，講習の修了認定基準等の明確化，透明化を図っていくことが必要な点だといえる。

c 教員の任用

　任用とは，ある職に特定の者を就ける行為をいう。採用，昇任，降任，転任の4つがある。採用とは，これまで教員ではなかった者を新たに教員に任命することをいう。昇任とは，上位の等級の職に任用することである。たとえば，教諭から教頭になることをいう。降任とは，その反対である。転任とは，教員としての身分を中断することなく，現在の職のまま異動させることをいう。

　教育公務員である教員の場合，採用，昇任制度において一般公務員とは異なる取り扱いがなされる。一般公務員の場合は，原則として人事委員会の行う競争試験によることとされているが，教員の場合は教育公務員特例法第15条の規定により「選考」によるものとされている。教員の場合，教員免許状の所有がその資格要件となっているため，教員としての能力は一応免許状によって実証されていると考えられ，教員として真にふさわしい人物を選ぶという観点から選考制度が導入されている。

　なお，採用はすべて条件付き採用であり，一般公務員の場合は6カ月である

が（地方公務員法第22条），教員の場合は初任者研修の実施により1年間となっている（教育公務員特例法第12条）。条件付き採用の期間，職務を良好な成績で遂行したときに正式に採用となる。教職員の任命権者は，当該学校を設置する地方公共団体の教育委員会である（地方教育行政の組織及び運営に関する法律第34条）が，県費負担教職員の場合は都道府県の教育委員会となる（同法第37条）。

d 教職員の分限と懲戒

服務義務等の法律上の規定に基づき，一定の事由がある場合には，教職員の意に反する身分上の変動をもたらす処分が取られる。処分は分限処分と懲戒処分がある。前者が職員の道義的責任を問題にしないのに対して，後者の処分はそれを問題とするのが大きな違いである。

分限処分とは，公務の能率の維持向上の見地から行われるもので，その事由について特に本人の故意または過失によることを要しない。事由としては，勤務実績不良，心身の故障，職に必要な適格性を欠く場合等である（地方公務員法第28条）。処分の内容には，免職，降任，休職，降給がある。

懲戒処分は，公務員の義務違反に対して課す制裁であり，教職員にとって重大な身分上の不利益処分となるため，その行為が本人の故意または過失によることを要する。懲戒の事由は，法令違反行為，職務上の義務違反・職務怠慢，全体の奉仕者たるにふさわしくない非行のあった場合に限られる。処分の内容には，免職，停職，減給，戒告がある。

4 教職員の養成と研修

a 教員養成制度

戦後の教員養成制度は，「大学における養成」と「開放制」を2大原則としている。これは，戦前の教員養成が教員養成を目的とする中等教育レベルの師範学校という閉鎖的な制度の中で行われていたことへの批判と反省の上に立って新たに打ち立てられた原則である。「大学における養成」という理念は，高度な学問を自由に追究しうる高等教育機関たる大学において，その学問，研究を背景とした教授活動を通してより高度な知的教養と自律性・主体性を培わ

れた専門職たる教員を養成することをねらいとするものである。それによって，国民の知的形成に責任をもって応えられる教員を養成しようとしたものである。「開放制」の原則は，師範学校という限られた学校の中で閉鎖的に教員養成を行うことの弊害を打破し，多様な個性や能力を有した人材を広く確保しようとする考えに基づくものである。現在では，「課程認定」を受けた大学・学部において所定の単位を修得することによって教員免許状が取得できる仕組みとなっている。

教師教育（教員養成－採用－現職研修）全体における教員養成段階の役割については，1997（平成9）年の教育職員養成審議会「新たな時代に向けた教員養成の改善方策について（第1次答申）」において，「教科指導，生徒指導等に関する『最小限必要な資質能力』（採用当初から学級や教科を担任しつつ，教科指導，生徒指導等の職務を著しい支障が生じることなく実践できる資質能力）を身につけさせる過程」と位置づけている。その中でも特に，「教職への一体感の形成」「教職に必要な知識及び技能の形成」「教科等に関する専門的知識及び技能の形成」を習得させるようにすべきであるとしている。

また，2006（平成18）年の中央教育審議会答申「今後の教員養成・免許制度の在り方について」では，こうした考えを引き継ぎながら，さらに大学における教職課程の充実・改善に向けて，「教職実践演習（仮称）」の導入や「教育実習の改善・充実」などを提案している。

b 大学院における教員養成──教職大学院制度

社会の高度化や複雑化に対応して，さまざまな専門的職種や領域において，大学院段階で養成されるより高度な専門的職業能力を備えた人材が求められている。教員養成の分野においても，研究者養成と高度専門職業人養成の機能が不分明であった大学院の諸機能を整理し，専門職大学院制度を活用した教員養成の改善・充実を図るため，教員養成に特化した専門職大学院としての枠組みが必要であるとの観点から，2008（平成20）年度から「教職大学院」が創設されることになった。

教職大学院は，「専ら小学校，中学校，高等学校，中等教育学校，特別支援学校及び幼稚園の高度の専門的な能力及び優れた資質を有する教員の養成を行

うこと」(専門職大学院設置基準第26条第1項)を目的とするものである。具体的には，(1)学部段階で教員としての基礎的・基本的な資質能力を習得した者の中から，さらにより実践的な指導力・展開力を備え，新しい学校づくりの一員となり得る新人教員と，(2)一定の教職経験を有する現職教員を対象に，地域や学校における指導的役割を果たし得る教員として，不可欠な確かな指導理論と優れた実践力・応用力を備えた「スクールリーダー（中核的中堅教員）」の養成を目的とするものである。修業年限は2年で，必要習得単位数は45単位以上（そのうち10単位以上は学校における実習）となっている。修了すると「教職修士（専門職）」の学位が授与されるとともに，専修免許状が授与される。

c 教員研修制度

　教員としてふさわしい資質能力は，教員養成の段階，免許状の取得で完成するものではなく，生涯にわたり絶えずその向上が図られるべきものであり，教員になってからの研修（研究と修養）がきわめて重要な意味をもっている。そのため，法律においても教員研修に関する特別の規定が設けられている。

　まず，教育基本法第9条第1項では，「法律に定める学校の教員は，自己の崇高な使命を自覚し，絶えず研究と修養に励み，その職責の遂行に努めなければならない」と，教員に求められる使命や職責の観点から，「研究と修養」に努めることを求めている。また，第2項では「前項の教員については，その使命と職責の重要性にかんがみ，その身分は尊重され，待遇の適正が期せられるとともに，養成と研修の充実が図られなければならない」と，「研修」の重要性が定められている。

　さらに，教育公務員特例法では「研修」に関して一般職の他の公務員に対する特例規定を設けている。まず，第21条では「教育公務員は，その職責を遂行するために，絶えず研究と修養に努めなければならない」（第1項）と規定し，研修が教員に課せられた職制遂行に向けての努力義務として位置づけられている。このことは，「職員には，その勤務能率の発揮及び増進のために，研修を受ける機会が与えられなければならない」（地方公務員法第39条第1項）とする一般の公務員の研修目的との違いとして明確である。そのことに関連して，教員の研修については「教育公務員の任命権者は，教育公務員の研修について，

それに要する施設，研修を奨励するための方途その他研修に関する計画を樹立し，その実施に努めなければならない」（第21条第2項）と，任命権者に対する条件整備義務を規定している。

また，第22条においては「教育公務員には，研修を受ける機会が与えられなければならない」（第1項）との規定のもとで，研修の機会の特例が明記されている。すなわち，1つは教員は授業に支障がない限り，本属長（校長）の承認を得て，勤務場所を離れて研修を行うことができるという特例であり，もう1つは，教育公務員は任命権者の定めるところにより，現職のままで，長期にわたる研修を受けることができるという特例である（第22条第3項）。これら2つの特例は，法律上では他の公務員には見られないものであり，教育公務員の研修の機会の拡大に大いに寄与している。

d 初任者研修制度

初任者研修とは，新任教員に対して，実践的指導力と使命感を養うとともに幅広い知見を得させることを目的に，教員に採用された後1年間，学級担任や教科・科目を担当させながら，指導教員の指導の下における教育活動の実務およびその他の研修を行うものである。法律的には，「採用の日から1年間の教諭の職務の遂行に必要な事項に関する実践的な研修」（教育公務員特例法第23条第1項）が初任者研修とされている。初任者研修の内容としては，学級経営，教科指導，道徳，特別活動，総合的な学習の時間，生徒指導・進路指導に加えて，公教育の役割，学校教育目標と学校経営，教員の勤務と公務員としてのあり方，学校の組織運営などを内容とする基礎的素養などの項目・領域が，校内における研修と校外における研修として展開されている。

校内における研修では，週10時間以上，年間300時間以上，拠点校指導教員を中心に，主として教員に必要な素養等に関する指導や授業方法等に関する研修が実施されている。また，校外での研修は年間25日以上，教育センター等での講義・演習や企業等での体験研修が実施されている。

5 教職員の評価

a 新しい教員評価システムのねらいと方法

　東京都などをモデルとして，自己申告による目標管理と業績評価を柱とする新しい教員評価の方法が広がりをみせている。新しい教員評価の目的は，「教育職員の能力開発型人事考課制度」（東京都），「教職員の評価・育成システム」（大阪府），「教職員評価・育成制度」（鳥取県）などの名称にも現れているように，人材育成や能力開発にあるとされている。

　その方法は，自己申告による目標設定およびその修正・自己評価と，複数の評価者（校長・教頭）による達成状況やプロセスへの客観的かつ公正な評価によって成り立っている（図4−1）。この過程で行われる自己省察と校長等による指導・助言を通して，教員は学校組織の一員としての自己の職務活動とそれに必要な能力・力量のあり方を主体的に考え，職能向上への意欲が喚起されるというものである。同時に，教員の目標達成が学校の組織目標の達成につながり，組織の活性化が図られるという考え方に基づくものである。従来，十分に機能しなかった勤務評定の改善も踏まえたシステムとして構想されている。

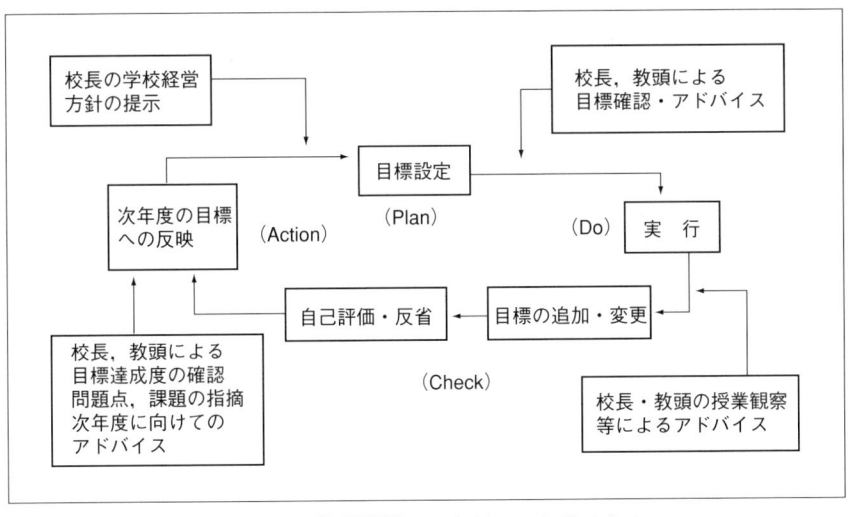

図4−1　教員評価のマネジメントサイクル

b　職能開発・人材育成としての教員評価

　教員の職務が，人間の心身の発達にかかわっており，その活動は子どもたちの人格形成に大きな影響を与える。「教育は人なり」といわれるように，学校教育の成否は教員の資質能力に負うところがきわめて大きい。教員の資質能力の向上のためには，養成，採用，研修の各段階の改革を総合的に進めることが必要であるが，今日ではそれらに加えて評価のあり方が，学校や教員に対する信頼確保の観点から課題視されている。

　たとえば，2006（平成18）年の中央教育審議会答申「今後の教員養成・免許制度の在り方について」では，「学校教育や教員に対する信頼を確保するためには，教員評価の取組が重要であり，新しい教員評価システムの構築を一層推進していくことが必要である。また，評価の結果を，任用や給与上の措置などの処遇に適切に反映することが重要である」と指摘している。この背景には，指導力不足教員問題や学力低下問題など，学校教育をめぐる課題解決には，教員の適正な勤務管理を行うとともに，資質能力の向上を図り，学校が活力ある組織として総合的な力（学校力）を発揮し，信頼される学校づくりを推進する必要があるという問題認識が存在する。

　これからの社会や学校教育のあり方を考えると，教員には子どもや保護者はもとより，広く国民や社会から尊敬と信頼を得られる存在となることが求められている。教職は国民の尊敬と信頼があって初めて成り立つ職業でもある。そのためには，まず教員自身が自信と誇りをもって教育活動に当たることが重要であり，自らの振り返りに基づく自己啓発，自己成長への取り組みが不可欠となる。と同時に，学校は組織として子どもたちの教育を担当し，その教育成果を問われる存在であることから，学校が組織としての力を高め，期待される役割使命を達成していくためには，学びの共同体としての学校の機能を十全に発揮していくことも不可欠である。新しい教員評価は，こうした観点に立って，個々の教員の資質能力の向上と組織としての学校全体の活性化を促すものとして組み立てられる必要があるといえる。

参考文献

小島弘道・北神正行・水本徳明・平井貴美代・安藤知子『教師の条件――授業と学校をつくる力（第3版）』学文社　2008年
篠原清昭編著『学校のための法学（第2版）』ミネルヴァ書房　2008年
下村哲夫『定本・教育法規の解釈と運用』ぎょうせい　1995年
日本教師教育学会編『講座・教師教育学（全3巻）』学文社　2002年
八尾坂修編著『教員人事評価と職能開発』風間書房　2005年
八尾坂修『教員免許更新制度』明治図書　2008年
若井彌一編著『教員の養成・免許・採用・研修』教育開発研究所　2008年

5章 カリキュラムマネジメント

1 カリキュラムをめぐる概念の整理

　近年，教育課程の大綱化，弾力化により，カリキュラムを学校が独自に開発できる余地が広がってきている。
　カリキュラムは，わが国の場合，学習指導要領のように，その基準が国による公的な枠組みとして示される一方，そのカリキュラムは，子どもの人間的発達とそれを支える科学的な認識の深化と結びついて創造されねばならない。また，少なくとも学校全体の統一的視点から，教育の質の向上をめざして，子どもや保護者，地域に責任を負いうるカリキュラムの創造が求められている。
　その意味で，何のために，どのような内容と方法でカリキュラムを構成し，その実践的な有効性を，分析と評価を通じて絶えず検証し，次の実践の改善へとつなげていく，カリキュラムマネジメントの重要性があらためて認識されている。
　本章では，カリキュラムをめぐる概念や考え方を紹介しながら，今日いわれるカリキュラムマネジメントとは何か，その意義と本質にふれ，カリキュラムマネジメントをめぐる課題についても言及したい。

a　カリキュラムと教育課程
　カリキュラムの語源は，もともとラテン語で「走る」という意味の「クレレ(currere)」に由来しており，競技場の走路を意味する言葉である。すなわち，「人生のコース」とか，「履歴」を意味するものであった。
　そこから，カリキュラムとは，教材や授業の計画から，実際の教育活動およびその評価まで含む，学習者の「学びの経験の総体」という，包括的な概念として理解されている。
　わが国では，カリキュラムの訳語として「教育課程」という用語が当てられることもあるが，実際には，その意味について，カリキュラムと区別して用い

```
┌─────────────────────────────────────┐
│          「カリキュラム」              │
│       （意図的，無意図的な教育計画も    │
│         含めた，学びの経験の総体）      │
│                                     │
│         ┌─────────────┐             │
│         │ 「教育課程」  │             │
│         │（意図的，組織的，計画的な│     │
│         │ 教育内容の全体計画）│         │
│         └─────────────┘             │
└─────────────────────────────────────┘
```

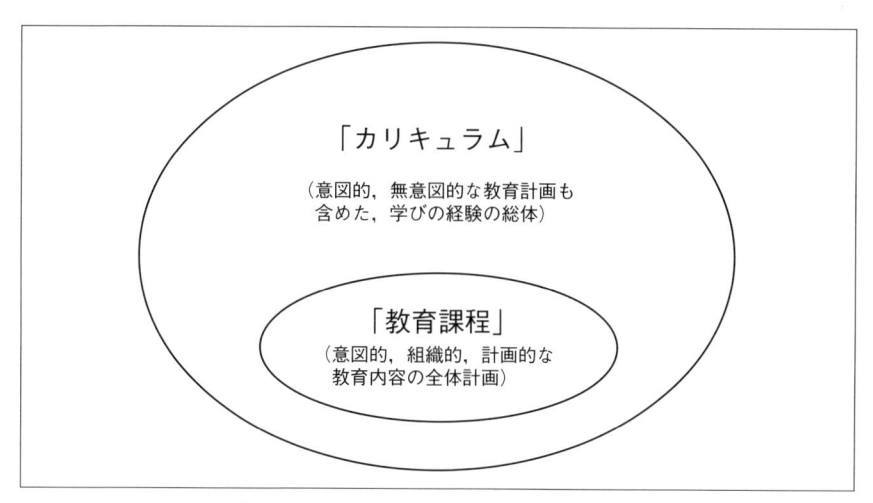

図5-1　カリキュラムと教育課程の関係

られることが多い。

　すなわち，「教育課程」という場合には，より狭義に，学校において「教育目標に即して，意図的，組織的，計画的に実施する教育内容や教育計画」のことを指す。

　わが国の場合，「教育課程」という用語は，1951（昭和26）年の学習指導要領から，それまでの「教科課程」という用語に代わって用いられるようになった。

　また，「教育課程」には含まれないが，「カリキュラム」には含まれる概念として，「潜在的カリキュラム（hidden curriculum）」がある。あるいは，「隠されたカリキュラム」ともいう。これは，教師が無意図的，無意識的に子どもに伝え，習得される価値や内容を意味する。また，社会統制や階級的不平等の再生産に都合の良い隠された価値内容を意味することもある。

　このように，カリキュラムは，意図的のみならず，無意図的な「潜在的カリキュラム」も含めて広義に，学習者の学びの経験の総体を意味し，他方，「教育課程」は，狭義の，意図的，組織的，計画的な顕在的カリキュラムとして，両者は包含関係にあるといえる（図5-1参照）。

　また，「教育課程」，すなわち，あらかじめ定められた教育内容の計画を立て

る際に，その基準となる，国家が定めた公的な枠組みとしての教育内容が「学習指導要領」といわれるものである。

学習指導要領自体は，学校教育法施行規則に基づき，教育課程の基準として，文部科学大臣が告示する。小学校，中学校，高等学校，盲・聾・養護学校等の種別に示され，戦後から現在に至るまで，わが国における学校教育の内容と水準を示している。

ただし，今日では，学習指導要領は最低基準であると確認されており，学習指導要領を越える内容を教えることも小学校段階から示されており（いわゆる，発展的学習），学習指導要領を基準としつつも，その具体的な教育課程は，学校や教師の裁量に委ねられるようになっている。

b　カリキュラムの類型

(1)経験主義カリキュラム

アメリカのジョン・デューイ（Dewey, J.）の思想的影響を受け，20世紀の世界的な新教育運動の中で浸透した考え方で，子どもの生活経験を基本に編成されるカリキュラムである。20世紀初頭，それまで典型であった知識伝達型の教育に対する批判から，子ども自身の自発的な興味関心に基づく活動と，生活経験に即した教育への転換が求められた。このように子どもの経験と活動を中心に構成されるカリキュラムをめざしたことから，「学習者中心のカリキュラム」ともいわれる。

経験主義カリキュラムでは，子どもの生活経験や体験的活動に即した問題解決的な学習活動が取り入れられることが多く，戦後新教育といわれた昭和20年代前半の教育は，この経験主義カリキュラムを典型としていた。しかし，その後，教科での知識・技能が重視される，いわゆる教科主義カリキュラムが中心となった。ただ，受験競争の激化や子どもの問題行動などを踏まえ，知識・技能重視の硬直化した教科主義カリキュラムの見直しもなされ，今日では，生活科や総合的な学習の時間のように，子ども中心の経験主義カリキュラムが一部取り入れられてきている。

(2)教科主義カリキュラム

教科の背景をなす科学的な学問体系を基本とし，教科内容を構造化して編成

するカリキュラムである。科学の体系的・系統的発展と，子どもの発達の系列にしたがって，教育内容を系統的に組織化・構造化したカリキュラムを意味しており，学習者が系統的に効率よく教育内容を習得する系統学習を目指す考え方を基礎とする。そこから，系統主義のカリキュラム，あるいは「学問中心のカリキュラム」ともいわれる。

　1958（昭和33）年の学習指導要領の改訂以降は，教科主義カリキュラムとしての色彩が強く，教科内容としての知識・技能の習得において，教科主義に基づく系統学習が重視される傾向にあった。

(3)相関カリキュラム，融合カリキュラム，クロスカリキュラム，コア・カリキュラム

　経験主義カリキュラムと，教科主義カリキュラムの両者の間には，子どもの経験やそこから派生する興味・関心に基づくテーマを重視するか，系統的に配列された科学的な内容を基礎に持つ教科の内容を重視するか，両者のどちらに比重を置くかによって，さらに，いくつかのカリキュラムの考え方がある。

　①「相関カリキュラム」とは，基本的には，教科主義カリキュラムの1つの類型であり，2つ以上の教科を相互に関連づけて展開するカリキュラムの考え方である。たとえば，国語でアメリカ文学を学ぶのと同じ時期に，歴史でアメリカ史を学ぶ場合などがある。

　②「融合カリキュラム」とは，教科主義カリキュラムを前提とし，個別の教科間の境界を廃して，より大きな枠組みで捉えるカリキュラムの考え方である。たとえば，地理，歴史，公民の融合としての社会科や，物理学，化学，地学，生物学の融合としての理科などの場合である。

　③「クロスカリキュラム」とは，教科主義カリキュラムと経験主義カリキュラムの中間的な位置づけであり，教科の枠を残しつつ，特定のテーマの下に教科横断的に組織されるカリキュラムの考え方である。たとえば，「エネルギーと環境」，「国際紛争と人権」などの一貫したテーマを中心に，各教科をつないで内容を深める場合である。

　④「コア・カリキュラム」とは，経験主義カリキュラムの一類型であり，コア（核＝中心）となる課程と，それを支える周辺の課程が同心円的に編成されたカリキュラムの考え方をいう。たとえば，「学校での生活」「梅雨の過ごし

教科カリキュラム （学問内容中心）	分科カリキュラム	（各教科ごとに分離独立したカリキュラム）
	相関カリキュラム	（二つ以上の教科を相互に関連づける）
	融合カリキュラム	（教科を中心としつつ，教科を融合。物理・化学・生物・地学の融合としての理科）
経験カリキュラム （子どもの生活中心）	クロスカリキュラム	（教科の枠を残しつつ，特定のテーマの下に教科を横断して組織される）
	コア・カリキュラム	（主に生活経験を中心に，それ以外の領域を周辺に置いて統合する）
	経験中心カリキュラム （総合カリキュラム）	（教科をまったく意識せず，子どもの生活経験を総合的に展開）

図5－2　カリキュラムの類型

方」「地域の産業」など，子どもの実生活の問題解決に向けた教育内容をコアに据えるカリキュラム構造として捉えられる。広義には，統合的な教科を核（たとえば，川口プランにおけるコアとしての社会科）に，それに関連づけられた学習内容の配列を持つカリキュラムを指すこともある（図5－2参照）。

　戦後わが国は，このように，大きくは，経験主義と教科主義のカリキュラムで揺れてきたともいえる。もっとも今日では，教科か経験か，あるいは系統学習か問題解決学習かという，二者択一的な理解ではなく，教科主義のカリキュラムと，生活科や総合的な学習の時間に象徴される経験主義のカリキュラムとを統合しつつ，学校としての総合的なカリキュラムの創造が求められている。

c　カリキュラム政策（学習指導要領）の変遷

　わが国では，1947（昭和22）年に，最初の学習指導要領が提示された。ただし，その性格は，教育課程を編成する際の，あくまで学校や教師の「手引き」としての位置づけを与えられており，1951（昭和26）年改訂においても「試案」として提示されていた。

　この時期，地域の実態や子どもの発達の特性に応じて，教師自身がカリキュラムを創造する余地が広かったといえる。

　そのあらわれは，川口プランや本郷プランなど，学校と地域の共同で独自のカリキュラムを創り出した地域教育計画運動や，アメリカの影響を受けた，中

心課題から同心円的に他の関連課題や関連科目を配置する「コア・カリキュラム」運動などにみられる。

　1958（昭和33）年改訂から（高校は，1960〈昭和35〉年に改訂）は，正式に文部省「告示」となり，全国一律に内容を提示し，系統的な教科主義カリキュラムが浸透する。そして，学習指導要領は，学校や教師に対して「法的拘束力」を有するとされた。もっとも，学習指導要領の法的拘束力については，当時より議論があり，裁判においてもその性質が争われたが，最高裁判例で拘束性を容認したことから（伝習館高校事件判決；最判1990〈平成2〉年1月18日），国としては学習指導要領は法的拘束力を有すると解している。

　この頃より，教育に対する国家統制がより強くなった。

　1968（昭和43）年の改訂（中学校は翌年，高校は1970〈昭和45〉年に改訂）では，教育内容の現代化がめざされ，学習内容が増加した。

　1977（昭和52）年の改訂（高校は翌年に改訂）では，ゆとりと充実を図るということで，授業時数が削減され，「ゆとりの時間（学校裁量の時間）」が導入されたが，基本としての教科主義カリキュラムに大きな変更は見られなかった。

　1989（平成元）年の改訂では，個性重視で，子どもの興味・関心・意欲を重視する「新学力観」が提唱され，低学年においては，経験主義カリキュラムに基づく「生活科」が成立し，教科主義カリキュラムと併存する形となった。

　1998（平成10）年の改訂（高校は翌年に改訂）では，「ゆとりの中で生きる力を育む」ことをめざし，教育内容と年間標準授業時数を大幅に減らし，生活科に加えて，新たに，経験主義カリキュラムに位置づけられる「総合的な学習の時間」を創設した。また，教育課程の弾力化がいわれ，学校独自の創意工夫を生かしたカリキュラム開発が強調されるようになった。

　2003（平成15）年には，学力向上，基礎基本の徹底を強調し，いわゆる「ゆとり教育」からの脱却を図るとともに，学習指導要領の基準性を明確にし，各学校や教職員の創意工夫ある教育活動を推奨している。

　2008（平成20）年には，新たに学習指導要領が改訂され（高校は翌年に改訂），「生きる力」の育成という目標は変わらないものの，教育内容と授業時数の見直しが行われ，特に主要教科における年間授業時数が増加し，学力向上を課題に，学校独自の特色を生かす教育課程改革が進行中である。

今日では，教科主義と経験主義のカリキュラムが併存しながら，子どもに責任を負いうる教育課程の創造が，個々の教師や各学校の裁量に基づく独自性の発揮に委ねられながら，効果的なカリキュラムの創造とそれによる学校や教師の資質向上がめざされている。

2 カリキュラムマネジメントとその内容

a 「カリキュラムマネジメント」とは

「カリキュラムマネジメント」とは，「学校教育目標の達成のために，学校内外の多様な資源や特色を生かして，子どもの発達に即した教育内容を自主的に編成，実施，改善し，学校教育の質の向上を図っていく経営のあり方」を意味する。

これについては，「教育課程経営」という用語を用いる場合もある。学校における教育計画という性質を持つ「教育課程」において，これまで，その中心をなすのは，学習指導要領に規定された教科内容と教科書であった。そのため，「教育課程経営」というと，まず教科を中心に，学校の年間指導計画の作成のあり方という意味で，その後の実践や事後の評価を含まず，狭く理解される傾向があった。とりわけ，公的な枠組みに基づく教科内容が先にありきで，教科や領域や学年をも超えて，子ども中心に全体的観点から主体的に教育のあり方を考えるという側面に弱さを有していたともいわれる。

そこから，子どもの実態に基づく現状把握を踏まえ，学校でどのような子どもを育てていくのかという共通理解を前提にした教育目標の設定と，それに基づく学校全体の教育計画を，組織的な観点から創造し，実行し，改善を図るというダイナミズムも込めて「カリキュラムマネジメント」という言い方が強調される傾向にある。

特に，1989（平成元）年の学習指導要領の改定以降，教育課程は，地域の実態や子どもの実情を踏まえ，各学校が独自に編成するという方向性が強調されている。また，1998（平成10）年の学習指導要領改訂において，「教育課程の大綱化，弾力化」や「学校の裁量拡大」などが強調され，学校の自主性や自律性，創意工夫を生かした学校改善の取り組みが求められるようになったこと，

また，それらの効果を評価するための学校評価の導入などから，「カリキュラムマネジメント」のあり方が問われてきている。

b　カリキュラムマネジメントのプロセス（「ＰＤＣＡサイクル」）

今日の教育改革の中で，総合的な学習の時間をはじめ，子どもや地域の実態に即して，学校自体が主体的かつ創造的にカリキュラムを開発することが一般化しつつある。その際，学校カリキュラムの開発にあたって，現状把握，それに基づく計画立案，実施，評価，改善といった，全体的な組織マネジメントの考え方を取り入れることが有効であるとされる。つまり，経営活動のマネジメントのあり方をカリキュラムに応用する考えである。

その典型的な考え方が，「PDS（Plan-Do-See）」，「PDCA（Plan-Do-Check-Action）」といわれるマネジメントサイクルである。

最近では，教育経営において，「PDCA サイクル」としての理解が広く浸透している。

もともと，「PDCA サイクル」は，製造業や建設業などの事業活動において，生産管理や品質管理を効果的に進めるための経営戦略としての考え方である。それらは，1950年代に，ウォルター・シューハート（Shewhart, W.）やエドワーズ・デミング（Deming, E.）によって提唱された。

「PDCA サイクル」では，まずは現状把握を踏まえて，目標を設定し，具体的な実施計画を立案する（Plan）。その計画を実施し，そのパフォーマンスを測定する（Do）。その測定結果を，当初の目標に照らして比較分析，評価する（Check）。その評価結果を踏まえて，継続的な向上に必要な改善措置を考える（Action）。その改善措置に照らして目標を吟味しながら，新たな実施計画を立てる（Plan）。それに基づき，計画を実施し，評価し，改善策を講じ，それに基づく新たな目標と計画を立案し……，というように，1つのらせん状の循環型のサイクルとして業務改善を推進する方法である。

この考え方に基づいて，今日では，効果的なカリキュラムの創造に向けて，「PDCA サイクル」のカリキュラムマネジメントが，多くの学校で見られるようになっている。

従来の学校では，学期末や年度末に教育活動の評価・改善が行われてきた傾

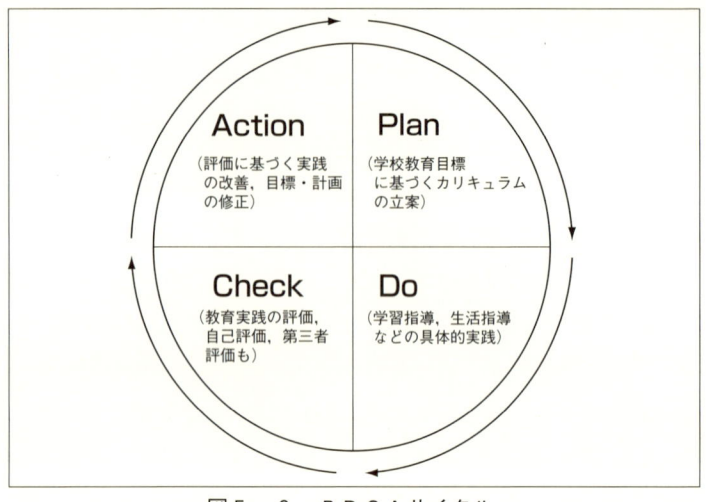

```
         ┌─────────────┬─────────────┐
         │   Action    │    Plan     │
         │ (評価に基づく実践 │ (学校教育目標  │
         │  の改善、目標・計画│  に基づくカリキュラム│
         │  の修正)      │  の立案)    │
         ├─────────────┼─────────────┤
         │   Check     │     Do      │
         │ (教育実践の評価、│ (学習指導、生活指導│
         │  自己評価、第三者│  などの具体的実践)│
         │  評価も)      │             │
         └─────────────┴─────────────┘
```

図5－3　PDCAサイクル

向もあったが，「PDCAサイクル」の考え方では，年度途中や学期途中であるかにかかわらず，年間の教育活動のいかなる場面であれ，教育実践自体のあり方を常に検証し，何らかの問題があれば，即座に改善に生かし，教育の質の向上をめざすことになる（図5－3）。

c　学校に基礎を置くカリキュラム開発（SBCD）

カリキュラムマネジメントを1つのサイクルとして考えるにしても，もともと，カリキュラム論的には，カリキュラムは誰が創るのか，どのような目標を設定するのか，目標に即してどのような内容を盛り込むのがふさわしいか，どのような方法で学習を進めるのか，どのような基準で何を対象に評価するのか，などの課題がある。

カリキュラムマネジメントは，各教科の単元の教育内容のマネジメントのみではなく，それを含めて，学校全体のカリキュラムを，総合的な観点から教育目標の達成に向けて絶えず改善していくことにその本質がある。

今日，まず，学校が主体となって，どのような学びの経験を組織することが子どもたちの成長発達にふさわしいかの検討が求められている。

各学校で独自に創意工夫を生かした教育課程編成が進められる状況を理論づ

けるのが，「学校に基礎を置くカリキュラム開発（school based curriculum development）」，原語の頭文字をとって「SBCD」といわれる考え方である。これは，学校自体をカリキュラム開発の場として捉え，教師の日常的な教育活動を基礎に特色あるカリキュラム開発をすすめる考え方である。

これは，学習指導要領のような「上からの」カリキュラム開発に対して，各学校がその条件や実態に応じて行う「下からの」カリキュラム開発でもある。

この考え方は，経済協力開発機構（OECD）の教育研究革新センター（CERI）の事業に見られる国際的なカリキュラム開発における中心概念である。文部省は，1975（昭和50）年に，CERI との共催で「カリキュラム開発に関する国際セミナー」を開催したが，その際，イギリスのスキルベック（Skilbeck, M.）によって，この「学校に基礎を置くカリキュラム開発」の考え方が紹介された。

スキルベックは，「学校に基礎を置くカリキュラム開発」の手続きを，①状況分析，②目標設定，③プログラムの計画，④解釈と実施，⑤評価，の5段階で示す。この5段階の手続きでは，計画立案の前に，状況分析と目標設定を据えるところに特色があり，PDCA サイクルを考える際にも，学校や子どもの実態把握といった状況分析，それに基づく教育目標の決定が，学校の教育計画を立案する際の前提条件であると理解されている。

この「学校に基礎を置くカリキュラム開発」がもっとも有効に機能するのは，「総合的な学習の時間」である。1998（平成10）年の学習指導要領で創設された「総合的な学習の時間」は，学習指導要領でねらいや育てたい力は明記されているが，目標や内容は教科のように細かく定められていない。また，「教科」ではないがゆえに教科書はない。それゆえ，具体的な教育活動の内容や方法については，各学校が，地域や学校や子どもの実態に即して創意工夫をこらしたカリキュラムの開発がより必要となる。

3 カリキュラムマネジメントの課題

a カリキュラムマネジメントの目的の吟味

カリキュラムマネジメントの目的は，学校の質を高めるということもあるが，それは何より，子どもの成長発達に即した人間形成と結びついて初めて意味を

持つ。個々の子どものニーズを現状に即して把握し，それぞれの成長発達と自己実現に即したカリキュラム創造が求められる。その意味で，学校や教師は，当該カリキュラムが，子どもの発達にとって意味があるかを絶えず吟味しなければならない。それを踏まえて，内容的に経験主義カリキュラムや教科主義カリキュラムを実践にどう生かすかを考える必要がある。

b　カリキュラム改善に向けての教員の意識変革

カリキュラムマネジメントは学校全体として取り組む必要があるとしても，まず，個々の教員のレベルにおいて，主体的にカリキュラムを創造するという意欲がなければならない。受動的に学習指導要領と指導書と教科書を基本に授業を行えばよいというものではなく，教員自身が積極的に，求めるべき子どもの力は何か，そのためにいかなる内容と方法が必要かを，絶えず追求していく意欲が求められる。特に，「総合的な学習の時間」のように，テーマ中心の学習の場合，教科を超える教員間の協力共同や，学年や校種を超える縦の系列での教員間の協力共同も必要となる。また，幼小中連携や中高一貫教育などの校種間の連携の動きもあり，学校内や，校種を超える学校間全体として，カリキュラムマネジメントに関わるという教員の意識変革が求められる。

c　カリキュラムマネジメントにおける評価のあり方

カリキュラムマネジメント，なかでもそのプロセスを表す「PDCAサイクル」は，もともと，効率的な生産と品質管理のための経営学的発想を教育に応用転化したものである。その場合，目的－達成－評価のプロセスで，そのカリキュラムの正否を機械的に量的にのみ把握してよいかが，特に評価面で問われる。子どもの人間形成は，授業も含めて，学校内外の多様な要因が複雑に絡み合って作用しながら実現するものである。学校のカリキュラムも，数値になじむ量的評価と，数値化になじみにくい子どもに与える影響の多様性・多面性も視野に入れた質的評価も含めて，その計画と実施の有効性を評価し，カリキュラム改善に生かす必要がある。「学力向上」が強調される今日，学力の数値化された部分だけではなく，学力を支える情意面，生活環境，他教科・領域との関連，子どもの自己評価，他者評価，相互評価，外部の第三者評価など，多面

的な視野からカリキュラムマネジメントにおける評価を考える必要がある。

d　カリキュラムマネジメントにおける当事者の「開かれた参加」

　カリキュラムマネジメントの当事者は，国や教育委員会でなく，学校や教師であることを基本とする。子どもの指導に直接関わるのは教師である以上，当然ともいえる。しかし，教育の質，学校や教員の質が問われる今日，教育活動の妥当性と正当性を内部と外部に公開し，幅広い当事者の評価を受けながら教育の改善に努めることが求められている。とりわけ，「開かれた学校づくり」として，保護者のみならず，地域住民，各分野の専門家などの教育参加が求められており（学校評議員制度や学校運営協議会など），多様な当事者への説明と，その評価への参加によって，カリキュラムの質の改善をめざす必要がある。

　また，教育当事者である子どもたちも，カリキュラムマネジメントへの参加が保障されるべきである。たとえば，「総合的な学習の時間」や自由研究などにおけるテーマ設定，自分に見合った学習方法の自己決定，子どもが行うカリキュラム評価としての子どもに対する授業アンケートなどの試み（先駆的には，高知県安芸郡奈半利中学校，長野県辰野高校など）もあり，カリキュラム全体について，子どもにも「開かれた参加」が求められる。

参考文献
安彦忠彦編『新版　カリキュラム研究入門』勁草書房　1999年
浦野東洋一他『開かれた学校づくりと学校評価』学事出版　2007年
柴田義松『教育課程』有斐閣　2000年
中留武昭・田村知子『カリキュラムマネジメントが学校を変える』学事出版　2004年
日本カリキュラム学会編『現代カリキュラム事典』ぎょうせい　2001年

6章　学校の危機管理

1　危機管理の定義

　今日，学校経営の中で，学校の危機管理が重要な位置をしめつつある。特に児童生徒の安全管理，生徒指導や教職員の校務遂行，学校と保護者および地域住民との関係なども危機管理の観点からとらえ直されるようになってきた。なかでも，児童生徒の安全は，不審者の学校侵入の防止などとの関係で片時たりとも等閑視できない。子ども，教職員が安心して学校生活を送り，保護者も子どもを安心して学校に送り出せるような，「安全・安心な学校づくり，地域づくり」こそ今求められているものだからである。学校は，学校生活にかかわる子どもの安全を守る責任があるので，機能的・機動的な実効性のある危機管理体制を構築する必要がある。その際，危機管理をどのようにとらえておけばよいのであろうか。

　危機管理は，これまで保険用語のリスクマネジメントや軍事用語のクライシスマネジメントを用いて定義されてきた。リスクマネジメントは，万が一の際に組織が被る損失を最小限にするための事前の予防的措置に重点を置き，クライシスマネジメントとは「いざというとき」すなわち危機が生じたときの対処と危機の拡大防止を含めた事後措置に重点を置いている。

　いずれにせよ，危機管理についてはさまざまな定義がみられるので，ここでは文部科学省が学校における危機管理の事例集等で用いている定義に従っていく。それによれば危機管理は，事前の危機管理（リスクマネジメント）と事後の危機管理（クライシスマネジメント）に分けられる。前者は「事件・事故発生を極力未然に防ぐことを中心とした危機管理」であり，危険の発生を予知し，未然に防止したり，早期に危険を発見し，その危険を確実に除去することに重点が置かれている。後者は「万が一，事件・事故が発生した場合に，適切かつ迅速に対処し，被害を最小限に抑えること，さらにはその再発防止と通常の生活の再会に向けた対策を講じることを中心とした危機管理」であり，発生した

危機への対処と拡大防止および再発防止のための対策に重点が置かれている（文部科学省「学校における防犯教室等実践事例集」2006〈平成18〉年3月〈文部科学省ホームページ〉）。

2　危機管理の校内体制づくり

　学校における危機管理は，子どもの安全確保を第1の目的とし，学校，家庭，地域および関係機関・団体等の実態に即して行われる必要があり，登下校時，学習時（学校内外），給食の時間，学校行事等，と学校教育活動全般を対象とする。それは，校長をリーダーとして，副校長，教頭，主幹教諭，主任等が中心となって体制づくりを進め，校務を分掌して展開する。その校務分掌では，危機管理を中心とする子どもの安心・安全を担当する教職員が中心となって活動を推進する。もちろん，学校の全教職員が参加することが必要であり，教職員はそれぞれの状況に応じて平常時から役割分担をし，お互いに連携をとりながら活動を進めることが肝要である。昨今においては発生する事件・事故は多様化しており，それへの十分な対応のための計画が多面的・多角的に練り上げられなければならない。そのためにも学校は，校長，副校長，教頭等の管理職がリーダーシップをいかんなく発揮して，学校内にとどまらず学校外においても子どもの安全を守るために，具体的な取り組みを進めていくことが求められる。

　危機管理を円滑に進めていくための校内体制として，多くの学校では，「学校安全計画」を策定している。「学校安全計画」は学校における子どもの安全確保に関しての総合的な計画である。同計画は子どもの身のまわりでの事件・事故や自然災害が，あらゆるときにあらゆる場面で発生しうる可能性を想定して，すべての教職員が学校安全の重要性を共通認識し，さまざまな取り組みを総合的に進めるために策定される。そして，学校における適切な危機管理のための綿密な事前の計画立案の機能も果たす。「学校安全計画」は，安全教育に関する事項と安全管理に関す事項，安全に関する組織活動の内容から構成される。安全教育に関しては計画的な教育，安全管理に関しては施設設備の充実，安全に関する組織活動については体制づくり等が求められる。各学校では「学

校安全計画」に基づく分掌組織として、「保健安全委員会（部）」や「学校安全委員会（部）」などの安全に関する組織を位置づけ、機能させている。

　平常時における危機管理意識を高め、さらに危機発生時の対処の実効性を高めるために、「学校危機管理マニュアル」を作成している学校が多い。文部科学省も2007（平成19）年に『学校の危機管理マニュアル――子どもを犯罪から守るために』を作成し、教育委員会および各学校に配布している。このようなソフト面の対応だけでなく、学校の危機管理体制づくりには、防犯カメラや防犯センサーなどによる防犯監視システムなど施設設備面の物的環境づくりが欠かせない。

　また、地域の関係機関・団体との連携や保護者や地域住民へも協力を求めることが肝要である。すなわち、保護者や地域住民からなるボランティアによる校内および通学路周辺を巡回する「スクールガード」や警備会社派遣の警備員の配置等の人的環境づくりも併せて必要である。

　一方では、学校の危機管理体制を確立するための法的整備も進められている。2008（平成20）年制定の学校保健安全法（2009〈平成21〉年4月1日施行）により、「学校安全計画」（同法第27条）および「学校危機管理マニュアル」としての「危険等発生時対処要領」の策定（同法第29条第1項）が義務化され、学校における危機管理のための校内体制づくりの充実がよりいっそう図られることになる。

3　学校における危機管理のプロセス

　危機管理のプロセスは、事前の危機管理としてのリスクマネジメントと事後の危機管理としてのクライシスマネジメントに大別できよう。

a　事前の危機管理――リスクマネジメント
(1)　到来する危機の予知および予測（情報収集活動）

　学校で発生する可能性のある事件や事故の危険性を予測したり予知することが第1の段階であるが、そのためには情報収集活動が必要となる。

　学校で発生する危機の可能性としては、2009（平成21）年4月施行の学校保

健安全法によると，学校事故，加害行為，自然災害などがあげられる。事故には，授業中（たとえば体育，理科の実験）にみられる学校教育活動中の事故，施設設備の不具合による事故があげられる。

学校教育活動の展開にかかわって起こりうる事故や事件の発生を未然に防ぐための情報活動を円滑に行うための校内体制づくりが，学校安全計画の策定を通して求められる。学校の安全担当の教職員が中心となって，学校の施設・設備，児童・生徒，教職員，保護者や地域住民等についての安全にかかわる情報を収集し，校長および教頭等の管理職に伝達するとともに，入念な分析評価を行い，危険発生にからむ確度の高い情報については，教職員全員が共有することが必要となる。

危機は，日常的な安全点検を徹底すれば早期に発見できよう。したがって，教職員や保護者等は，学校の敷地内，通学路や校区内の公園など子どもたちの活動範囲を把握し，事件・事後に巻き込まれやすい場所の安全点検を怠ってはならない。

(2) 危機の回避・予防（未然の解決）・危機対処の準備・訓練

学校は，発生する可能性のある危機を未然に防止し，回避するための事前の準備を入念にしておくことが大切である。そのためにも，校長は機動性ある危機管理体制を構築し，日常における教職員の危機管理意識の高揚を図ることが必要である。

学校の教育活動にかかわって，事件・事故の発生を未然に防ぐには，何よりも信頼関係づくりが先決である。校長（副校長・教頭）と教職員，教職員と児童生徒や保護者，学校と地域のそれぞれの信頼関係づくりと連携が望まれよう。児童生徒の問題行動については，発生前の予兆を察知し，事前に沈静化させる。そのためにも常日頃から児童生徒を十分に観察・理解し，信頼関係をつくっておかなければならない。

教職員がこぞって校内や通学路などの整備，さまざまなケースに対応した防犯・避難訓練，心肺蘇生，心のケアなどについて安全確保のため校内研修を行い，安全に関する知識・技能を高める必要がある。「いざというとき」に「学校危機管理マニュアル」を活用して行動できるように，あらゆる多様な危機の場に対応する力量の形成を図る研修・訓練プログラムの開発と実施が求められ

る。

なお「学校危機管理マニュアル」には，危機発生時の対処の方法や，迅速な情報の伝達と共有，けがをした子どもの応急処置，教育委員会および警察をはじめとする関係機関への適切な情報提供や，被害にあった子どもをはじめ危機の現場に遭遇した子どもの心のケアなど，危機発生時の一連の必要な方策の具体的な内容とその実施体制が定められる。

危険発生時には，教職員は児童生徒の安全確保を第1とし，自らの安全も確保しながら，適切に対処しなければならない。そのためにも，発生する危険に対して，場面場面での訓練が必要となる。

今日の学校における危機対処として，子どもの安全および教職員の安全が脅かされる可能性のあるのは，不審者の侵入である。不審者は，刃物に代表されるような凶器や人を殺傷するような薬品を所持しており，それにより攻撃を加えてきた時にどう対処するかである。教職員は，警察官や警備会社職員のように防犯のプロではないが，「いざというとき」に適切な道具を活用して，不審者による加害行為を阻止したり，活動を阻止することが求められる。そのための訓練を入念にしておかなければならない。机や椅子をかかえて阻止したり，「さすまた」やそれに類する長い丈夫な棒状のもので対応する，あるいは消火器で対応する，そういったことが考えられるし，知識として身につけることはできる。近年では校長室に「さすまた」が常備されているところをよく目にする。しかし，校長は「いざというとき」に「さすまた」をもって不審者の前に立ちはだかることが果たしてできるであろうか。日頃の訓練，危機意識の醸成が必要である。

学校においては，教職員が常日頃，学校生活の中で，折にふれて訓練を行い，「いざというとき」に備えなければならない。しかも訓練したことが，いついかなるときにも活用できるように，メンタル面のトレーニングもあわせて行っておく。さもないと，「いざというとき」には手が震え足も震え，心臓もどきどきしてしまう。その中でいち早く平静さを取り戻し，冷静に対処できる心の鍛錬が必要となる。

日常の中で，一人ひとりが有事を想定し，平穏な中にも「いざというとき」の対処を行えるように準備しておく。そのためにも教職員は，教育委員会主催

の本格的な危機管理研修や学校内での危機管理研修を受け，また不審者侵入を想定した訓練や防災訓練などを行っておく必要がある。

　危機に備えての訓練については，教職員はもとより，子どもに対して発達段階に応じた安全教育（安全指導）の一環としての危機管理の教育・訓練が求められる。たとえば，子どもが安全に関する情報を正しく判断し，安全を確保するための行動に結びつけることができるようにすることや，自他の危険予測・危険回避の能力を身に付けることなどである。また，子どもに防犯ブザーやホイッスル等の防犯用具の支給・貸与や，自らの安全を確保するためのパンフレットの配布とそれに基づく教育の展開，防犯を専門とする警察官・警備会社職員，危機管理コンサルタント等を外部講師とする防犯教室の実施などが考えられる。

b　事後の危機管理──クライシスマネジメント

(1)　危機対処と拡大防止（Crisis Control）

　万一，学校にて危機が発生した場合や被害が生じたときは，被害を最小限に食い止める。それには「学校危機管理マニュアル」に沿って危機管理責任者である校長（副校長・教頭）を中心に，子どもや教職員の安全を確保し，速やかに状況を把握するとともに，救急救命，被害の拡大の防止・軽減を図るなど遺漏のない対応が求められる。

　危機発生時には，児童生徒の安全確保が第1に行われなければならない。それには，瞬時の判断力を働かせて危機に対処し，事故や加害行為を回避するか，最小限度にとどめるための行動が求められる。この「いざというとき」には，「虚心平気」の状態で，平常心でもって対応することが肝心である。危機に対処する場合には，勇気がいる。その勇気を発動して危機に対処する行動に転化しなければならない。発生する危機対処の主要なものとして，(a)不審者侵入への対処，(b)児童生徒等の暴力行為への対処，(c)いじめへの対処，(d)学校事故への対処，(e)問題をかかえる保護者への対処，(f)教師の体罰行為への対処，(g)自然災害発生時の対処，(h)火災発生時の対処，などがあげられる。

(a)不審者侵入への対処

　校長は，子どもたちや教職員の安全を確保し，すみやかに警察および関係各

機関に連絡をとる。警察官等がかけつけるまでは，不審者からの危害を防ぐために，危機管理担当の教職員等が中心となって不審者との一定の距離を保ちつつ，不審者を一定の場所に隔離する。その際，いす，机,「さすまた」，消火器等を適切に操作して，不審者との間合いを十分にとって，複数の教職員で不審者を取り囲むようにして対峙する。こうして，かけつけた警察官に対応をゆだね収束を図る。不審者の身柄が確保され，事件が収束をみた後には，子どもたちや教職員の安全を確認し，警察との事後対応やマスコミとの対応も速やかに行う。また，保護者への事件説明会の開催も求められる。事件発生にともなう，児童生徒への心理的動揺を押さえるための心のケアも図る必要がある。さらに，正常な状態での教育の再開の準備や，事件・事故の再発防止にも努めなければならない。

(b)児童生徒等の暴力行為への対処

暴力行為とは，生徒間暴力，対教師暴力，校外の生徒等に対する暴力，器物破損等をいう。暴力行為は，生徒の問題行動の中でも学校において発生する危機である。暴力行為の発生は突然の場合もあるが，発生にいたる予兆も必ずある。暴力行為の発生しそうな場面では，校長をはじめ教職員は腹を据えて，生徒としっかりと間合いをとった上で対処する必要があるだろう。

(c)いじめへの対処

いじめの対策は，生徒指導上の問題であるが，いじめられている子どもの心身の安全がおびやかされている場合もあるので，危機管理の対象ととらえ，学校側の素早い対応が求められる。いじめられている子どもの存在は，学校の安全がおびやかされている証とみてよい。早急にいじめられている子どもを救い，いじめを沈静化しなければならない。生徒指導上では学校全体でいじめの解消に向けて指導を徹底させる。いじめが発生しないように，校内を巡視し，いじめの現場に遭遇した場合には，教師は身を挺してでも，いじめ行為を阻止しなければならない。

(d)学校事故への対処

授業時間中，たとえば体育，理科の実験等で生徒がけがをした場合，養護教諭と連携し，ただちに応急処置をするとともに，病院への搬送，保護者への連絡等を速やかに行うことが必要である。また，事故発生の経緯，事故発生後の

処置等については，詳細に記録しておき，教育委員会をはじめ関係機関，当該児童生徒・保護者への事後の説明を入念に行うことが肝要である。また保護者に対しては誠心誠意の対応が求められる。

(e) 問題を抱える保護者への対処

近時，理不尽な無理難題を学校側に突き付けたり，学校行事等で迷惑行為を平気で行う保護者，いわゆる「モンスターペアレント」への対応に苦闘する教職員は少なくない。保護者との対応に当たっては，日常のコミュニケーションをしっかりととり，相互の人間的な理解と信頼関係を構築していく。常日頃の連絡を密にとり，理解を求めることが必要である。保護者からも心服される教職員をめざすことが望まれよう。

(f) 教師の体罰行為への対処

体罰は学校教育法第11条の但し書き規定の中で禁止されている。教師がいかなる理由があろうとも「有形力」の行使である「殴る・蹴る・たたく」等の行為を行った場合には，法律に違反する行為である。ただし，教師が生徒からの加害行為としての暴力行為を受けそうになったり，いじめを阻止したりするために「有形力」を行使することは，刑法でいう緊急避難措置としての「正当防衛」であり認められる。その旨も教職員は理解しておく必要はある。

(g) 自然災害発生時の対処

学校の危機管理の対象となる自然災害には，台風，地震が主なものであるが，近年では，突発的に発生する竜巻もあげられよう。

台風については，気象情報により事前の予測はおおむね可能であり，大事をとっての全校休校の措置により，児童生徒の安全は管理できる。問題は，修学旅行先が，台風の接近する，あるいは台風の影響を受ける可能性のある場所であり，修学旅行の日程がちょうど台風の接近とかかわるときである。校長の決断が求められるところである。台風の発生時，全校休校であり，児童生徒は通学しないが，校長はじめ教職員は，どのような手段を使ってでも学校に出勤し，台風被害を受けないような策を講じたり，保護者に対応することが必要である。自然災害の発生の中で，地震は予測が不可能なため，「いざというとき」の備えが必要であり，発生時の対処についても的確かつ迅速に危険回避行動をとらなければならない。教職員は，地震から児童生徒の身の安全を守り，児童生徒

の安全を確保するために誘導しなければならない。地震発生時には，それにともなって火災が発生する場合もあるので，火災発生時の対応も想定しておく必要がある。

　(h)火災発生時の対処

　火災が発生した場合には，児童生徒の安全を確保するとともに，火災発生現場にもっとも近い教職員が，消火器を適切に用いて消火活動を行う。児童生徒に対しては安全確保のため，いち早く火災の及ばない場所まで避難させる。消防署への連絡も的確に行う。小学校高学年以上の児童生徒等にあっては，常日頃の防災教育の中で消火器の取り扱いを指導しておき，「いざというとき」に使用できるように訓練をしておくことが肝要となる。

　(2)　危機の再発防止：危機発生の経験を生かす体制づくり・研修・訓練

　学校は，万一危機が発生した場合には，再び同じような危機が起こらないように再発防止の手段を講じておく。

　発生してしまった危機に対して，再発を防止するためにも，その発生の経験を活かして「学校安全計画」を見直し，「学校危機管理マニュアル」の改訂を行い，要領を具体化する訓練プログラムを策定し，定常的に訓練を行うことが大切である。

　また危機発生を経験した校長や教職員は，その時の心理状態がどうであったか，「いざというとき」の心の状態を経験しているので，日常の中で「いざというとき」を想定した心の平静さを保つトレーニングを積むことが望ましい。

　火災訓練では，防災専門の消防署員を講師に招き，消火器の使用方法や，消火器以外を使用した初期消火の方法を教職員全員が教わり，訓練を重ねることが望まれよう。

　理科の実験授業中の事故であれば，今後事故が再発しないように授業準備の仕方，生徒に対する実験の説明の仕方，事故の対処方法などを検討する。

　児童生徒がナイフ（刃物）等を学校に持ち込んで事件を起こした場合には，「持ち物検査」を徹底的に実施し，ナイフ販売店への生徒への販売自粛の要請，適切なナイフ（刃物）の使用の徹底指導を行うことが必要である。

　生徒の問題行動は，教職員と生徒との信頼関係の欠如によって起こるものであり，人間関係づくりや教師のスキル（リーダーシップのスキル，リサーチのス

キル）の向上が求められる。

　学校は，PTA の協力のもとに，家庭・地域の関係機関・団体等との連携，安全・安心のためのメール配信システムの導入や，通学安全マップづくり等も行うことが求められる。

　危機の再発防止では，教職員の危機管理意識の向上と危機に対処する具体的な行動力を高めるための，より実践的な研修・防犯教室などの開催が求められる。そして，児童生徒に対しても，発達段階に応じた，防犯教室等の開催による安全教育により，危機予知能力や危機回避能力，危機対処能力を高めることが肝要となる。

4　危機管理に求められる校長・教職員の資質・能力

　学校の危機管理を行うにあたっては，洞察力・「応機」の力・事前準備力・危機発生時の意思決定能力（決断力）が求められる。

a　洞察力

　危機管理にあたって大切なことは，日常における教育的諸現象をしっかりと洞察することである。特に現象面のみにとらわれず，現象化されていない本質を見抜くこと，目に見えないものを見抜く力が必要となる。児童生徒理解にこのことがよく当てはまる。現象に隠された本質的な意味を理解することが肝要である。また，日常の現象を多面的・多角的にとらえることも求められる。

　学校に侵入する不審者については，一見，不審者に見える者がすべて不審者とは言い難い。一見，普通に見える者の中にかえって不審者がいるものである。人はみかけによらない。よくよく注意して真実を見抜かなければならない。一見，模範生にみえる生徒，普通の子にみえる生徒がときに危機管理上の諸問題を引き起こしている。教師の問題行動に関していえば，「まじめ」な教師が問題を起こす場合もある。また児童生徒の安全を守ってくれるはずの地域住民や保護者が問題を起こす場合もある。

　校長および教職員は，児童生徒等の真実性を見抜くことが必要である。生徒が「真実の自己」で教師をはじめ周りの人に接するように導いていくことが肝

要である。そのためにも，校長および教職員が，「自らを欺かず」，誠を尽くし，「真実の自己」で児童生徒をはじめ，保護者，地域住民に接することが求められる。

b 「応機」の力——予見力・予兆をとらえる力・予防の力

危機管理では，リーダーには，「応機」の力が求められる。すなわち前に見える「機」の動き方を察し，それに応ずることである。「機」とは簡単にいえば機会である。それは現象化される。しかし，現象化された機会をとらえたのでは遅い。現象化される前にその「兆し」をとらえて，対処することが必要となる。物事において何事にもよらず現象化される「機」は，その現れる前に「兆し」を示すものである。その「兆し」によって示される「機」の動き方を十分に察したうえで，現象化される「機」を迎え入れ，これに対処することが肝要である。危機の未然防止・危機の初期対応には「機」についての分析が欠かせない。「危機の予兆」を察知し，危機が発生（現象化）する前にその対応策を図る。「危機の予兆管理」（「危機の予兆を早く見つけ出し，組織や社会に警報を発し，関心を呼び起こすこと」危機管理実務必携編集委員会編『危機管理実務必携』〈加除式〉，ぎょうせい，216頁）である。危機が現れる前にはその予兆が必ずある。危機が訪れてからそれに対処するのでは遅すぎる。危機が具体的に現れる前にその予兆に気づき，それに適切に対処することが求められる。まさに「機」を察することが大切である。この「機」を察し，事前の対応をすることが危機管理の要諦である。

学校において生徒が起こした問題行動に焦点を当ててみよう。生徒が起こした問題行動は現象として生じたことである。しかし，生徒はその行動を起こす前に，現象化されない変化を示しているはずである。それを察知することが大切である。そのためにも，平素の児童生徒の状況に気を配り，些細な変化も見逃さず，その変化の原因をつきとめて改善を図ることが大切である。

常日頃の小さいことをゆるがせにせず，危機の発生を予測し未然に防止する先見性と洞察力，これらは「危機に対する感性」ともいわれるものであり，危機管理能力の中でもっとも重視される。

校長は，学校生活における「日常性＝変化性（潜在的危機の成長過程）」，「変

化の終末＝危機発生」を認識し，危機的な状況の絶えざる想定が肝要である。それは危機におびえた生き方ではなく，平常時において「瞬間を善処」する生き方である。

c　事前準備力――「予」の力，あらかじめの入念・周到な準備をする力

　学校の危機管理にあたっては，学校安全計画および「学校危機管理マニュアル」の作成のもとに，危機管理のための校内体制を確立し，平常時において絶えずその機動性を担保し，想定外の事柄に対応することが必要である。「悲観的に準備し，楽観的に実施せよ」(Prepare for the Worst)（佐々淳行著『危機管理のノウハウ　PART 1』PHP文庫，1984年，82頁），「次発装塡」(reload)（佐々淳行著『危機管理のノウハウ　PART 2』PHP文庫，1984年，162頁）といわれるように，到来する危機に対応するためには，危機への入念な備えが必要となる。危機の到来を予知・予測したうえで，それに対処するために入念な準備をすることが必要である。これが「予」（あらかじめ）の力である。これによって危機の到来を防止したり，回避することが可能となる。危機に対する予見能力と先見性，洞察力に基づく「予」（あらかじめ）の用意周到な準備は，危機管理の予防的措置の要といえる。

d　危機発生時の意志決定能力（決断力）

　危機発生時には校長の迅速かつ的確な意志決定能力および決断力が求められる。それは，危機管理を左右する重要な能力である。「いざというとき」に的確な判断を下し，それを実行に移せなければならない。「いざというとき」に動揺せず，冷静に対処できる平常心も求められる。そのためにも平常時における心の持ち方が重要となる。「常在戦場」という言葉があるが，校長はこのような気持ちで日々の教育計画活動に望むべきである。

5　危機管理の課題

　学校の危機管理に当たっては，危機発生を想定した「悲観的な準備」や「次発装塡」の思想も必要であるが，学校は本来，子どもにとっても保護者にとっ

ても，地域の人々にとっても楽しい場所であるべきである。危機管理のために汲々とした雰囲気のみられる学校は楽しい場所とは言い難い。

　学校は楽しいところ，安らぎを求めるところ，人間の成長発達に貢献するところである。たえず危機におびえ，「がちがち」の状態で学校が開校されているのは望ましくない。あくまでも自然体で，違和感なく，校長（副校長・教頭）はじめ教職員と児童生徒，そして学校と地域とが調和し，一体感のある雰囲気が醸し出されていることが何より大切である。それでいて一点の隙もない。「無事澄然」（平常時のときには澄んだ空気のごとく）「有事斬然」（いざというときには果敢に行動）状態を保持した学校安全環境づくりが課題である。学校の開放的な雰囲気の中に，危機の入り込む余地のないような常日頃の学校内外のコミュニケーション，地域との連携の力を高めること，学校組織内の教職員間はもとより教職員と児童生徒との信頼関係，学校と保護者および地域との信頼関係の構築が何よりも大切ある。そのためには，校長，副校長，教頭はもとより教職員一人ひとりの危機意識が高まり，危機に対する感性が磨かれており，またそれゆえに常日頃の安全・安心な雰囲気，楽しい雰囲気をつくりだす。研修とトレーニングがよく行われている学校組織は，ゆったりと構えているような雰囲気がただよっている。そういう学校づくりが望まれよう。

　校長（副校長・教頭）は，水面をすいすいと気持ちよく進む水鳥のように，表面的にはゆったりとした雰囲気をもち，目に見えない水面下では，危機に対する機動性・機能性を発揮する着実な体制を構築しておくことが必要である。学校には「真昼のあんどん」状態での危機管理体制が整えられており，危機が到来したときには，すべてのものが「泰然自若」の状態でそれぞれの危機に関わる校務分掌を着実に遂行することが求められる。

　そのためにも校長（副校長・教頭）は，率先垂範して日々自らを磨き続けることが肝要である。日々努力を怠らず，時代の変化に柔軟に対応する姿勢を身に付けておれば，おのずから教職員に浸透し，学校の危機管理体制の構築につながっていくと思われる。

　最後に，学校の危機管理には，校長および教職員のメンタルヘルスが保持されていること，すなわち「心の危機管理」が十分になされていることが大前提となることも付言しておきたい。

参考文献

永岡順編著『学校の危機管理――予防計画と事後処理』東洋館出版社　1993年

「学校の危機管理」研究会編集『学校の危機管理ハンドブック』(加除式)　ぎょうせい　2000年

天笠茂「学校の危機管理が守るもの――いのち・日常のリズム・信頼」天笠茂編著『学校の危機管理への経営戦略』教育開発研究所　2003年

高階玲治編著『学校の安全を守る「危機対応能力」』ぎょうせい　2006年

佐々淳行著『危機管理のノウハウ　PART 1』PHP文庫　1990年

上地安昭編著『教師のための学校危機対応実践マニュアル』金子書房　2003年

国崎信江, NPO法人キャリア・ワールド共著『これならできる安全な学校をつくる不審者対策研修ハンドブック』教育開発研究所　2005年

危機マネジメント研究会編『実践　危機マネジメント　理論　戦略　ケーススタディ』ぎょうせい　2004年

危機管理実務必携編集委員会編『危機管理実務必携』(加除式)　ぎょうせい　2003年

文部科学省『学校への不審者侵入時の危機管理マニュアル』(2002年)(文部科学省ホームページ)

上寺康司「危機管理のための心のはたらきと心の環境づくり――佐藤一斎に学ぶ危機に対する予防的措置」福岡工業大学社会環境学部編『社会環境学への招待』ミネルヴァ書房　2006年

7章　学校の評価

1　学校評価とは何か

　今日学校は，自主性・自律性を高め，実施した教育活動や学校経営等の成果を検証し，効果的な取り組みを行うことにより，幼児児童生徒のよりよい成長を促すことが強く求められている。また一方で，保護者や地域住民に対して，取り組みについての情報提供や評価結果の公表をすることで，説明責任（アカウンタビリティ）を果たし，学校の状況に関する共通理解や相互の連携協力を図ることが重要となっている。現在これらの手段として学校評価が注目されている。

　学校評価は，学校経営目標達成に向けて学校経営計画を策定（Plan）して，実践（Do）を行い，経営目標の達成状況を評価（Check）するというマネジメントサイクルに基づき構築され，評価結果は，保護者や地域住民等に公表するとともに，学校経営計画の改善（Action）に資することになっている。すなわち，学校が組織として，具体的な目標や計画をもち，その取組状況や達成状況，改善方策の適切さについて評価をするものである。

a　学校評価の目的

　文部科学省『学校評価ガイドライン』（以後，「ガイドライン」と略称）によると，学校評価は，以下の3つを目的として実施されている。

　第1の目的は，「学校運営の改善」である。すなわち，各学校が，自らの教育活動その他の学校運営について，目指すべき目標を設定し，その達成状況や達成に向けた取り組みの適切さ等について評価することにより，学校として組織的・継続的な改善を図ることである。

　第2の目的は，「信頼される開かれた学校づくり」である。すなわち，各学校が，自己評価および保護者など学校関係者等による評価の実施とその結果の公表・説明により，適切に説明責任を果たすとともに，保護者，地域住民等か

ら理解と参画を得て，学校・家庭・地域の連携協力による学校づくりを進めることである。

　第3の目的は，「教育の質の保証・向上」である。すなわち，各学校の設置者等が，学校評価の結果に応じて，学校に対する支援や条件整備等の改善措置を講じることにより，一定水準の教育の質を保証し，その向上を図ることである。

　このように，学校は，学校評価を通じて，学校運営を改善し，教育の質を保証・向上させ，保護者や地域住民等に対して，信頼される開かれた学校づくりを進めようとしているといえる。

b　学校評価の定義

　前出の「ガイドライン」は，学校評価の実施手法を，(1)各学校の教職員が行う「自己評価」，(2)保護者，地域住民等の学校関係者などにより構成された評価委員会等が，自己評価の結果について評価することを基本として行う「学校関係者評価」，(3)学校と直接関係を有しない専門家等による客観的な評価，「第3者評価」の3つの形態に分類している。

　「自己評価」は，学校評価のもっとも基本となるものであり，校長のリーダーシップの下で，当該学校の全教職員が参加し，設定した目標や具体的計画等に照らして，その達成状況や達成に向けた取り組みの適切さ等について評価を行うものである。

　「学校関係者評価」は，保護者，学校評議員，地域住民，青少年健全育成関係団体の関係者，接続する学校（小学校に接続する中学校など）の教職員その他の学校関係者などにより構成された委員会等が，その学校の教育活動の観察や意見交換等を通じて，自己評価の結果について評価することを基本として行うものである。「ガイドライン」によると，教職員による自己評価と保護者等による学校関係者評価は，学校運営の改善を図る上で不可欠のものとして，有機的・一体的に位置づけるべきものとしている。

　「第3者評価」は，その学校に直接かかわりをもたない専門家等が，自己評価および学校関係者評価の結果等も資料として活用しつつ，教育活動その他の学校運営全般について，専門的・客観的（第3者的）立場から評価を行うもの

である。

現在,学校に対しては,「自己評価」の実施と評価結果の公表が義務づけられ,「学校関係者評価」の実施と評価結果の公表が努力義務とされている。

2　学校評価導入の経緯

学校評価については,2002(平成14)年3月公布の「小学校設置基準」で自己評価の実施・公表の努力義務規定が設けられた。すなわち,「小学校は,その教育水準の向上を図り,当該小学校の目的を実現するため,当該小学校の教育活動その他の学校運営の状況について自ら点検及び評価を行い,その結果を公表するよう努めるものとする」(第2条第1項)と規定され,さらに「前項の点検及び評価を行うに当たっては,同項の趣旨に即し適切な項目を設定して行うものとする」(第2条第2項)とされたのである。

その後,2006(平成18)年12月に教育基本法が改正され,この改正を受けて2007(平成19)年3月には中央教育審議会答申「教育基本法の改正を受けて緊急に必要とされる教育制度の改正について」が出された。このなかで,新・教育基本法において,義務教育についての国及び地方公共団体の役割と責任(第5条第3項),教育行政における国及び地方公共団体の役割と責任(第16条第2項及び第3項)並びに学校,家庭及び地域住民等の相互の連携協力(第13条)に関する規定が置かれたこと等を踏まえ,学校の裁量を拡大し,自主性・自律性を高める上で,その取組の成果の検証が重要であることから,学校評価およびその前提となる情報提供の充実を図るために,以下のような規定を新設するように提言された。

すなわち,第1点目として,「学校は,当該学校の教育活動その他の学校運営の状況について評価を行い,その結果に基づき学校運営の改善を図ることにより,その教育水準の向上に努めなければならないといった趣旨を規定すること」として,学校経営の改善や教育水準の向上のために学校評価を義務化すること,第2点目として,「学校は,保護者及び地域住民その他関係者との連携及び協力の推進に資するため,当該学校の教育活動その他の学校運営の状況に関する情報を提供するものとするといった趣旨を規定すること」として,保護

者や地域住民に対して情報提供を行う規定を設けるよう求めたのである。

　これを受けて2007（平成19）年6月の学校教育法改正では「小学校は，文部科学大臣の定めるところにより当該小学校の教育活動その他の学校運営の状況について評価を行い，その結果に基づき学校運営の改善を図るため必要な措置を講ずることにより，その教育水準の向上に努めなければならない」（第42条）として学校評価の根拠規定が新たに設けられ，さらに「小学校は，当該小学校に関する保護者及び地域住民その他の関係者の理解を深めるとともに，これらの者との連携及び協力の推進に資するため，当該小学校の教育活動その他の学校運営の状況に関する情報を積極的に提供するものとする」（第43条）として，保護者や地域住民との連携協力に向けて教育活動等に関する積極的な情報提供が義務づけられたのである。

　これを受けて，同年10月の学校教育法施行規則の改正に際しては，「小学校は，当該小学校の教育活動その他の学校運営の状況について，自ら評価を行い，その結果を公表するものとする」（第66条第1項）とし，さらに，自己評価を行うに当たっては，「小学校は，その実情に応じ，適切な項目を設定して行うものとする」（第66条第2項）と規定している。また，「小学校は，前条第一項の規定による評価の結果を踏まえた当該小学校の児童の保護者その他の当該小学校の関係者（当該小学校の職員を除く）による評価を行い，その結果を公表するよう努めるものとする」（第67条）として，自己評価の結果を踏まえた上で，保護者等による学校関係者評価を行い，その結果を公表する努力義務規定を設け，自己評価と学校関係者評価の評価結果を当該小学校の「設置者に報告するものとする」（第68条）と定めたのである。（以上の法令は，幼稚園，中学校，高等学校，中等教育学校，特別支援学校等にもそれぞれ準用）

　このように，各学校は法令上，(1)教職員による自己評価を行い，その結果を公表すること，(2)保護者等による学校関係者評価を実施しその結果を公表するよう努めること，(3)自己評価の結果・学校関係者評価の結果を設置者に報告すること，が必要となったのである。

　学校評価の実施が法的に整備されていくなかで，文部科学省は，2006（平成18）年3月に「義務教育諸学校における学校評価ガイドライン」を作成した。その後，このガイドラインは，2007（平成19）年の3月の「学校評価の推進に

関する調査研究協力者会議」の中間的なとりまとめと学校教育法改正を受けて見直され，2008（平成20）年1月には，前出の『学校評価ガイドライン』が作成されたのである。本「ガイドライン」では，前述の法令を踏まえて，学校評価の実施手法を，自己評価，学校関係者評価，第3者評価の3つの形態に分類し，「ガイドライン」の対象を，従来の小学校，中学校等の義務教育諸学校に，高等学校を加え，幼稚園を除く初等中等段階の全学校種を対象としている。そして，同年3月には，幼稚園対象の学校評価ガイドラインが策定され，評価項目，指標を設定する際の視点として他の校種と共通した部分に加えて，「子育て支援」と「預かり保育」が例示された。

一方，「ガイドライン」は，学校において取り組む自己評価および学校関係者評価に関するものであり，第3者評価を活用した学校評価のあり方については，今後さらに文部科学省において検討を深めることとしている。そこで，文部科学省は2006（平成18）年度から，「学校の第三者評価に関する実践研究」として，全国の小学校，中学校において第3者評価試行事業を実施し，「第三者評価等に関する調査委嘱研究」として，第3者評価の手法，評価者研修制度に関する研究を，大学や民間等の研究機関に委嘱して，検討を進めている。

3　学校評価の運用の特質——岡山県を事例として

次に，学校評価制度の実施の実態について理解を深めるために，岡山県の事例を取り上げる。

岡山県教育委員会では，2006（平成18）年度，2007（平成19）年度の2年間にわたり，新学校評価システム協力者会議において，自己評価や学校関係者評価の組織や方法，結果の公表，情報提供など，学校評価のあり方と運用について検討を行い，新しい学校評価の実施に資するため，2007（平成19）年3月に「学校評価の手引き」を県内の公立幼稚園，小学校，中学校，高等学校，特別支援学校に配付している。

岡山県教育委員会指導課は2008（平成20）年4月に『学校評価事例集』（以後，「事例集」と略称）を出し，そのなかで学校評価の運用のあり方を示している。そこで本節では，そこに示された学校評価の運用手続等を紹介し，学校評価の

運用の現状について説明していく。

a　評価組織の設置

学校評価を実施するにあたって,「事例集」は校内に学校評価を行う組織として,自己評価を行う組織と学校関係者評価を行う組織を設置するよう指導している。たとえば自己評価にあたっては,校長,教頭,教務,校務分掌,学年,教科の各担当の代表者で構成される自己評価委員会のような組織を設置し,学校関係者評価にあたっては,当該校の保護者を基本として,学校評議員,地域住民,青少年健全育成関係団体,接続する他校種の教職員,学識経験者等,その他直接学校に関係のある者を含めた組織を設置するよう勧めている。

b　今年度の達成基準の設定

当該年度の具体的な学校経営目標・計画のうち重点的に取り組むものを決め,年度始めに達成基準を設定する（表7－1参照）。

c　評価計画の作成

各学校は,自己評価および学校関係者評価の内容とスケジュールについて,評価計画を作成する。図7－1は,評価計画の1例である。

d　自己評価の実施

(1)資料の収集

自己評価にあたっては,まず,実践に基づいて,適切な時期に,評価のための資料を収集することになる。たとえば学力調査や体力調査等のデータをはじめ,教職員アンケートの結果や児童生徒,保護者,地域住民等を対象とした外部アンケートの結果等が挙げられる。

(2)自己評価（中間）の実施

必要な項目について,具体的な計画について中間評価を実施することで,計画や達成基準の修正,目標達成への意欲を高める（表7－2参照）。

(3)自己評価（最終）の実施

中間評価と同様に,最終の自己評価においても具体的な計画ごとに評価を行

表7－1　A小学校の学校経営計画書と学校評価書

表1

平成○年度　○市立A小学校　学校経営計画書

○　本校のミッション（使命，存在意義）

○　学校内外の環境分析

○　ミッションの追求を通じて実現しようとする本校の学校経営ビジョン

○　当該年度の具体的な学校経営目標・計画

1　思考力・表現力を養う。
　①　校内研修の授業公開後の協議を充実させ，思考力・表現力向上のポイントや手立てをまとめて共通理解する。
　②　思考力・表現力の評価基準を作成する。
　③　読書に親しみ学校図書館の利用を促すため，朝読書や親子読書を実施する。

2　友達と助け合い励まし合う態度を育成する。
　④　学級活動における話し合い活動や集会活動を充実させ，友達と助け合い励まし合う場の設定と指導をする。
　⑤　・・・・・・・・

3　
　⑥　・・・・・・・・
　⑦　・・・・・・・・

（吹き出し）達成基準は，取組状況や達成状況について，どのような方法（アンケート，貸出冊数調べ等）で，どのような基準を設けるか，具体的に決めます。

表2

平成○年度　○市立A小学校　学校評価書　別紙

学校経営目標等	具体的計画	今年度の達成基準
1 思考力・表現力を養う。	① 校内研修の授業公開後の協議を充実させ，思考力・表現力向上のポイントや手立てをまとめて共通理解する。	・思考力・表現力向上のポイントや手立てをまとめる。（研究集録） ・ポイントや手立てを全員の教員が普段の授業に活用している。（教職員アンケート）
	② 思考力・表現力の評価基準を作成する。	・思考力・表現力の評価を行い，全学級で80％以上の児童がB基準以上である。（教師の評価）
	③ 読書に親しみ学校図書館の利用を促すため，朝読書（全学級で毎日）や親子読書（学期に1回）を実施する。	・読書に親しんでいるという回答が80％以上である。（保護者，児童，教職員アンケート） ・図書館の貸出冊数を60,000冊にする。（貸出冊数調べ）

（吹き出し）読書に親しんでいるかどうかについて保護者アンケートをとることが，大切だと思うわ。

（吹き出し）本をよく読んでいるかどうかは，図書館の貸出冊数で分かるんじゃないかな。

出典：岡山県教育委員会指導課『学校評価事例集』2008年4月，5頁

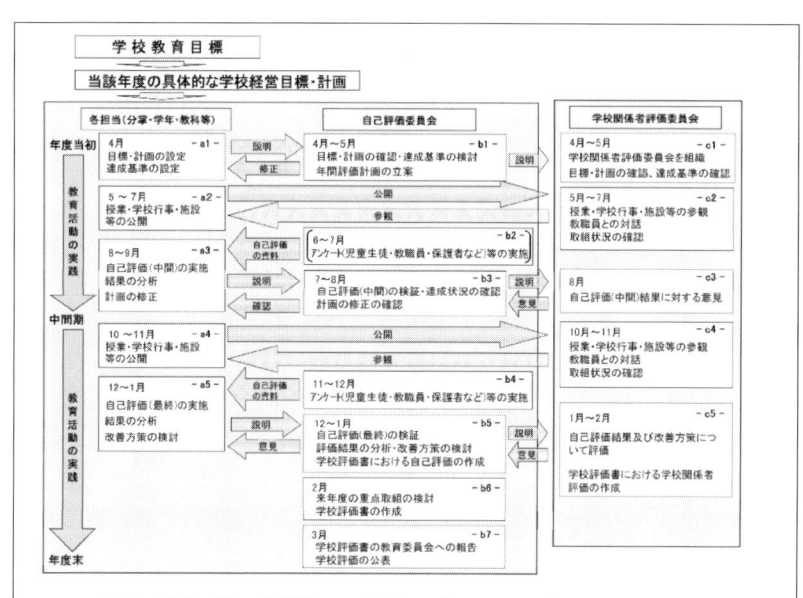

7章　学校の評価　97

```
学 校 教 育 目 標
当該年度の具体的な学校経営目標・計画
```

	各担当(分掌・学年・教科等)		自己評価委員会		学校関係者評価委員会
年度当初	4月　　　　　　　-a1- 目標・計画の設定 達成基準の設定	説明 → ← 修正	4月～5月　　　　　-b1- 目標・計画の確認・達成基準の検討 年間評価計画の立案	説明 →	4月～5月　　　　　-c1- 学校関係者評価委員会を組織 目標・計画の確認、達成基準の確認
教育活動の実践	5～7月　　　　　　-a2- 授業・学校行事・施設 等の公開	←―公開― ―参観→			5月～7月　　　　　-c2- 授業・学校行事・施設等の参観 教職員との対話 取組状況の確認
	8～9月　　　　　　-a3- 自己評価(中間)の実施 結果の分析 計画の修正	自己評価 の資料 → ← 説明 確認	6～7月　　　　　　-b2- アンケート児童生徒・教職員・保護者など等の実施		
中間期			7～8月　　　　　　-b3- 自己評価(中間)の検証・達成状況の確認 計画の修正の確認	説明 → ← 意見	8月　　　　　　　　-c3- 自己評価(中間)結果に対する意見
	10～11月　　　　　-a4- 授業・学校行事・施設 等の公開	←―公開― ―参観→			10月～11月　　　　-c4- 授業・学校行事・施設等の参観 教職員との対話 取組状況の確認
教育活動の実践	12～1月　　　　　-a5- 自己評価(最終)の実施 結果の分析 改善方策の検討	自己評価 の資料 → ← 説明 意見	11～12月　　　　　-b4- アンケート児童生徒・教職員・保護者など等の実施	説明 → ← 意見	1月～2月　　　　　-c5- 自己評価結果及び改善方策について協議 学校評価における学校関係者評価の作成
			12～1月　　　　　-b5- 自己評価(最終)の検証 評価結果の分析・改善方策の検討 学校評価書における自己評価の作成		
			2月　　　　　　　　-b6- 来年度の重点取組の検討 学校評価書の作成		
年度末			3月　　　　　　　　-b7- 学校評価書の教育委員会への報告 学校評価の公表		

- 各担当（分掌・学年・教科等）は，具体的な目標・計画や達成基準を設定します（a1）。その後，自己評価委員会は，それらの妥当性や全校的な視野から検討を行います（b1）。そして，完成した具体的な目標・計画や達成基準は，教職員全体で共通理解をし，学校関係者評価委員会に説明を行います（c1）。また，学校評価の評価計画を立案し，アンケート等の実施時期，内容等について検討します（b1）。

- 学校関係者評価委員会が，適切に評価することができるように，計画的に参観や対話，説明の機会をもちます（a2, a4, c2, c4）。

- 自己評価委員会は，計画に基づき，必要な項目についてアンケート等を実施し（b2），自己評価（中間）をとりまとめます（a3, b3）。その結果を学校関係者評価委員会に報告し，そこでの意見を参考に，必要に応じて計画の修正を行います（c3, b3）。

- 自己評価委員会は，自己評価の資料として，アンケート等を実施し（b4），各担当（分掌・学年・教科）ごとに，達成基準に基づいて評価を行い，分析・改善方策の検討を行います（a5）。そして，それらの検証と学校評価書における自己評価を行い（b5），全教職員で共通理解するとともに，学校関係者評価委員会に説明します（c5）。

- 学校関係者評価委員会は，自己評価結果に対する評価や改善方策について協議し，学校評価書における学校関係者評価を作成します（c5）。

- 自己評価委員会は，学校関係者評価の結果を受けて，来年度の重点的な取組を検討し，学校評価書を作成し，教育委員会に提出するとともに，公表を行います（b6, b7）。

図7－1
出典：岡山県教育委員会指導課『学校評価事例集』2008年4月，6頁

表7－2　自己評価書　別紙

平成○年度　○市立A小学校　学校評価書　別紙
（A：目標を上回った　B：ほぼ目標どおり　C：目標を下回った）

学校経営目標等	具体的計画	今年度の達成基準	自己評価（中間）		自己評価（最終）		総合評価
			達成状況	評価	達成状況	評価	
1 思考力・表現力を養う。	①校内研修の授業公開後の協議を充実させ、思考力・表現力向上のポイントや手立てをまとめて共通理解する。	・思考力・表現力向上のポイントや手立てをまとめる。（教職員）			・研究集録に、思考力・表現力向上のポイントや手立てをまとめた。・アンケート結果　教職員：100%	B	B
	②思考力・表現力の評価基準を作成する。	・ポイントや手立てを全員の教員が普段の授業に活用している。（教職員アンケート）		B		B	
		・思考力・表現力の評価で全学級で80%以上の児童が基準の評価である。（評価問題）	80%以上の児童がB基準だった学級15学級中6学級	B	80%以上の児童がB基準だった学級15学級中13学級	C	
	③読書に親しみ学校図書館の利用を促すため、朝読書（全学級で毎日）や親子読書（学期に1回）を実施する。	・読書に親しんでいるという回答が80%以上である。（保護者、児童、教職員アンケート）			・アンケート結果　保護者：81%　児童：88%　教職員：84%	A	
		・図書館の貸出冊数を60,000冊にする。（貸出冊数）	図書館の貸出冊数31,124冊	B	図書館の貸出冊数61,022冊	A	
2 友達と助け合い励まし合う態度を育成する。	④学級活動における話し合い活動や集会活動を充実させ、年間10時間以上実施し、助け合い励まし合う場の設定と指導をする。	・話し合い活動や集会活動を全学級で年間10時間以上実施する。（実施時数）	5時間以上実施した学級数15学級中12学級	C	10時間以上実施した学級数15学級中15学級	B	B
		・友達と助け合いについて励ましたいという回答が身についたという回答が80%以上である。（保護者、児童、教職員アンケート）			・アンケート結果　保護者：89%　児童：82%　教師：68%	C	

出典：岡山県教育委員会指導課『学校評価事例集』2008年4月，11頁

い，学校経営目標等ごとに，達成状況を踏まえ総合評価を行う（表7－2参照）。

　自己評価については，各担当の組織で実施した評価，分析・改善方策を，自己評価委員会で全校的な視野から検討する。そして，自己評価結果を教職員全体の会議で共有することによって達成度を確認し，来年度の組織的な取組の改善につなげていく（表7－3参照）。

(4)学校関係者評価の実施

　年度当初に，学校評価の意義や概要，学校関係者評価の位置づけ，学校関係者評価のスケジュール，教育活動や学校経営の状況，当該年度の学校経営計画書について学校関係者評価委員会に説明しておく。

　学校便り，学年便り等の配布，授業や学校行事の参観，教職員および幼児児童生徒との対話，校外活動の説明等を通じて教育活動や学校経営の様子を公開し，学校関係者評価委員会と学校との間での十分な意見交換や対話を行い，理解を深めるようにする。

　自己評価結果は，当該年度の自己評価結果およびそれを踏まえた改善方策，その他，必要な資料や求められた資料のうち，提示することが適当なものについて説明する。その際，根拠を分かりやすく示すことで，学校関係者評価を実施しやすいよう配慮する。また，開催日までに委員が資料を検討できるよう，事前に資料を送っておくことが大切である。

　学校関係者評価委員会は，教育活動の観察や各種資料の検証等を通じて，学校の自己評価が適切かどうか，その結果を踏まえた改善方策が適切かどうか，教育活動や学校経営の改善に向けた取り組みが適切かどうか，ともに幼児児童生徒を育てるという視点から，地域・保護者との協力について評価や改善方策の提案をする。

　学校評価表には，自己評価結果に関する意見や教育活動，学校経営の改善に関する意見等について簡潔かつ明瞭に記入する。その際には，小規模校等で，個人の特定ができるような情報・資料，通学路の情報等，安全確保の面から問題となる情報・資料は非公表にするよう配慮する（表7－3参照）。

(5)来年度の重点取り組みの設定

　学校は，学校関係者評価の結果を受けて，来年度の重点取り組みを設定する（表7－3参照）。

表7－3　学校評価書

平成○年度　○市立A小学校　学校評価書
　　　　　　　　　　　　　校長　○○　○○　㊞

1　自己評価
　I　評価結果
　　　（別紙参照）
　II　分析・改善方策
　　1　思考力・表現力を養う。
　　　① 校内研修の授業公開後の協議を充実させ，思考力・表現力向上のポイントや手立てをまとめて共通理解する。
　　　　・年度始めに立てた目標や計画は概ね達成した。思考力・表現力の向上には，「書く活動」を効果的に取り入れることがポイントとして挙げられ効果が大きかったことから，来年度は全学級で取り組む。
　　　② 思考力・表現力の評価基準を作成する。
　　　　・思考力・表現力の評価基準を作成したことで，目指す姿を全ての教職員が共通理解することができた。達成基準を全学級では達成できなかったので，授業における取組や児童朝会で児童による読書にかかわる発表を行う等の全校的な取組を進める必要がある。
　　　③ 読書活動に親しみ学校図書館の利用を促すため，朝読書や親子読書を実施する。
　　　　・全校で継続して朝読書や親子読書に取り組み，図書貸出冊数は 2,087 冊増加し，アンケート結果からも読書に親しむ児童が増えている。来年度は，各教科等の授業において図書館の本を活用して調べる活動に取り組む。
　　2　友達と助け合い励まし合う態度を育成する。
　　　④ 学級活動における話し合い活動や集会活動を充実させ，友達と助け合い励まし合う場の設定と指導をする。
　　　　・年度始めに立てた計画は達成し，保護者や児童からは高い評価が得られたが，教職員の評価は低かった。その理由は，日常の生活ではまだ不十分な状態が見られるからである。来年度は，日常の学習や生活場面で協力したり話し合ったりする場の設定と指導に取り組む。

2　学校関係者評価委員名

　　○○　○○（所属名）　　○○　○○（所属名）　　○○　○○（所属名）
　　○○　○○（所属名）　　○○　○○（所属名）　　○○　○○（所属名）

3　学校関係者評価

　1　思考力・表現力の向上についての自己評価は，適切に評価がなされている。研究授業を参観したが，自分の考えを根拠をあげてノートに書いた後，班で話し合っていたので，一人一人が考えをしっかりもっていると感じた。しかし，中には話し合いがうまくいっていない学級もあったのが残念だった。学級間の教員の連携を深めることが必要である。

　2　友だちと助け合い励まし合う態度の育成では，地域の子ども会やスポーツ少年団の活動でも共通の目標をもって推進することが有効である。

4　来年度の重点取組（学校評価を踏まえた今後の方向性）
　　1　思考力・表現力の向上
　　　① 校内研修の研究テーマを「思考力・表現力を身につけるための話し合いの在り方」とし，全教職員で取り組む。
　　　② 児童朝会で児童による読書にかかわる発表を行う。
　　　③ 読書活動を推進するとともに，本を活用して調べる活動を取り入れる。

　　2　友だちと助け合い励まし合う態度の育成
　　　④ 日常の学習や生活の中で協力する場面を設定し，それを活用した道徳の授業を実施する。
　　　⑤ 子ども会やスポーツ少年団など地域の活動との協力連携を進める。

出典：岡山県教育委員会指導課『学校評価事例集』2008年4月，10頁

(6)情報提供，評価結果の説明・公表，教育委員会への提出
① 情報提供，評価結果の説明・公表

　教育活動や学校経営にかかわる情報を保護者や地域住民に提供する。これらの情報提供の意義を全教職員が共通理解し，いつ，だれに，どのような内容を，どのような方法で提供するかを整理し，計画的な取り組みにしていく。
② 評価結果の教育委員会への報告

　自己評価，学校関係者評価，それらを踏まえた来年度の重点取り組みをまとめた学校評価書を教育委員会に提出する。

4　学校評価と教員評価との関係

　学校評価システムは，先述したように，学校経営目標達成に向けて学校経営計画を策定（Plan）して，実践（Do）を行い，経営目標の達成状況を評価（Check）し，学校経営計画の改善（Action）に資するというマネジメントサイクルに基づき構築されている。

　一方，ほとんどの都道府県や指定都市において現在，教員評価が実施されている。一般に，教員評価においても，各学校の目標等をもとに，教員一人ひとりが目標設定（Plan）を行い，目標達成に向けて実践し（Do），その目標の達成度を評価し（Check），改善に資する（Action）という自己申告による目標管理による評価制度を導入していることが多い。すなわち近年の教員評価では，学校の経営目標との「目標の連鎖」のもとで，分掌等や教職員一人ひとりが自己の目標を設定し，その目標に向かってそれぞれが努力することで，結果として学校の目標の達成につながっていくことになる。このように，各学校の目標設定を出発点とする点で，このような教員評価は学校評価と共通している。そこで，岡山県の事例のように，学校評価（組織としての評価）における学校の目標のマネジメントサイクルが各教職員のマネジメントサイクル（個人としての評価）と密接につながりながら運用されていることが多い（図7－2参照）。

　しかしながら，学校評価が「組織としての評価」であることから，組織的活動としての学校運営の改善を目的とし，その結果を公表し，説明責任を果たすことを目的としているのに対して，教員評価が「個人としての評価」であるこ

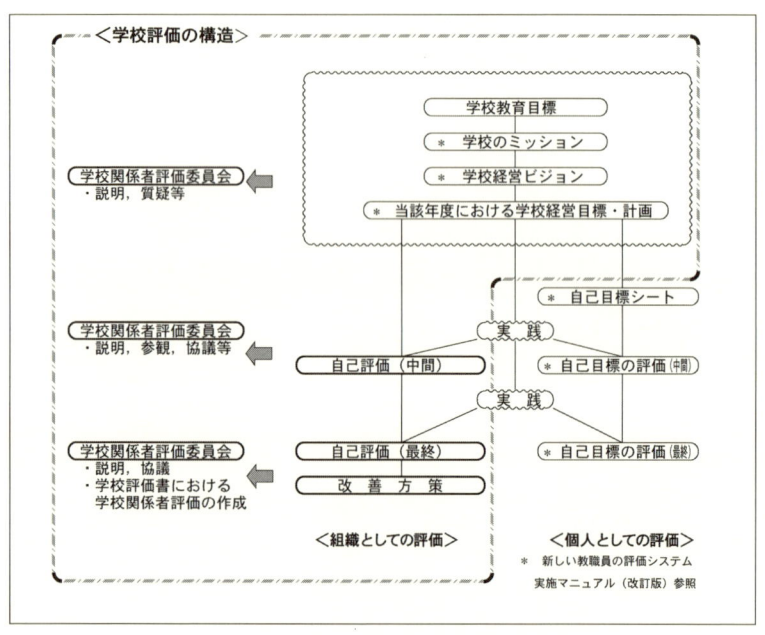

図7－2　学校評価と教員評価の関係
出典：岡山県教育委員会指導課『学校評価事例集』2008年4月，3頁

とから，適切な人事管理や個々の教員の職能の開発を目的とし，その結果は公表になじまないものであるなど，両者は，その目的が大きく異なっている点に注意しなければならない。

5　学校評価の近年の動向と課題

　以上，2007（平成19）年の学校教育法および同法施行規則の改正で，現在，学校に対しては，「自己評価」の実施と評価結果の公表が義務づけられ，「学校関係者評価」の実施と評価結果の公表が努力義務とされ，さらに，学校は，自己評価の結果・学校関係者評価の結果を設置者に報告することも求められてい

る。さらに，第3者評価の導入も検討されている。

　文部科学省は，2006（平成18）年度間の「学校評価及び情報提供の実施状況調査」の結果を発表している。学校教育法と同法施行規則改正前ではあるが，2006（平成18）年度間に自己評価を実施した公立学校は，全体の98.0％と，ほぼすべての公立学校で自己評価が行われている。一方で，2006（平成18）年度間に自己評価を実施した公立学校のうち，設置者に対して評価結果の報告書を提出した学校の割合は42.5％に留まっている。また，2006（平成18）年度間に自己評価を実施した公立学校のうち，その評価結果を保護者に広く公表した学校の割合は，45.2％であった。ちなみに，自己評価結果を公表している公立学校のうち，学校便りにより公表している学校の割合は79.1％，ホームページにより公表している学校の割合は31.4％であり，学校便りによる公表が8割近くを占めている。

　自己評価については，2007（平成19）年度以降，評価の実施と評価結果の公表が学校教育法施行規則で義務づけられたため，今後は，すべての学校において，自己評価を実施するだけでなく，設置者に報告書を提出し，保護者等に広く公表することが求められることになる。

　一方，学校関係者評価についてみると，2006（平成18）年度間に学校関係者評価を実施した公立学校は，全体の49.1％と，約半数の公立学校で学校関係者評価に取り組んでいる。2006（平成18）年度間に学校関係者評価を実施した公立学校のうち，設置者に対して評価結果の報告書を提出した学校の割合は36.7％であり，2006（平成18）年度間に学校関係者評価を実施した公立学校のうち，その評価結果を保護者に広く公表している学校の割合は38.7％である。ちなみに，学校関係者評価の結果を保護者に広く公表している公立学校のうち，学校便りにより公表している学校の割合は76.7％，ホームページにより公表している学校の割合は34.4％である。今後は，学校関係者評価実施と評価結果の公表が努力義務とされたことから，今後は，学校関係者評価についても実施する学校は多くなるであろう。

　学校評価の法的整備が進み，今後は第3者評価の導入も検討される中，学校経営の中で学校評価の占める位置はますます大きくなっている。そうした中で，各学校においては，毎年実施される学校評価が教職員の間でマンネリ化するこ

となく，校長をはじめ教職員が，学校運営を改善し，教育の質を保証・向上さ
せ，保護者や地域住民等に対して，信頼される開かれた学校づくりを進めるた
めに学校評価を生かしていこうとする意識を共有することが非常に大切である。
そのためには，各学校では，教職員や保護者，地域住民等，関係者に対して，
「透明性」，「納得性」，「客観性」を確保した学校評価が実施できるよう，校長
のリーダーシップのもとで創意工夫を生かした評価活動の推進が強く求められ
ているといえよう。

参考文献
窪田眞二・木岡一明編著『学校評価のしくみをどう創るか』学陽書房　2004年
木岡一明編『学校の"組織マネジメント能力"の向上』教育開発研究所　2004年
河野和清編著『教育行政学』ミネルヴァ書房　2006年
田代直人・佐々木司編著『教育の原理』ミネルヴァ書房　2006年
文部科学省『学校評価ガイドライン（改訂）』2007年
岡山県教育委員会指導課『学校評価事例集』2008年
教育法規研究会編『《最新》教育課題解説ハンドブック』ぎょうせい　2008年

8章　教育行財政

1　教育行政の基本原理

a　教育行政とは

　教育行政とはいかなる作用であるのか。たとえば，木田宏は「教育政策として定立された法の下に，その法の定めに従って教育政策を実現する公権力の作用」[1] であると，安藤堯雄は「社会的公共的活動としての教育に，その目標を設定し，その目標達成のために必要な条件を整備，確立し，かつ，その達成活動を指導監督すること」[2] であると述べている。

　また，教育基本法では「国と地方公共団体との適切な役割分担及び相互の協力の下」（第16条第1項），国が「全国的な教育の機会均等と教育水準の維持向上を図るため」（同条第2項），地方公共団体が「その地域における教育の振興を図るため」（同条第3項）に教育に関する施策を策定・実施しなければならないと規定している。

　本章では，これらを踏まえつつ，教育行政を「教育政策として定められた法の下で，国や地方公共団体がその公権力により，教育政策を具体的に実現する行政作用」であると定義づけたい。

　教育行政作用には，行政主体である国や地方公共団体が，他者が行う教育活動に対して規制や制限を加える作用（規制作用），他者の教育活動に対して指導，助言，援助を与える作用（助成作用），行政主体自らが教育活動を実施する作用（実施作用）がある [3]。

　なお，教育行政作用には，当然ながら必要な財源の確保や配分といった財政的な裏付け（教育財政）が不可欠である。教育基本法でも「国及び地方公共団体は，教育が円滑かつ継続的に実施されるよう，必要な財政上の措置を講じなければならない」（第16条第4項）と規定している。その意味で「教育行政」は，厳密には「教育行財政」と呼ぶことがふさわしいであろう。教育財政については，後述する。

b 戦前の教育行政

教育が私的な営み（私教育）であった時代には，教育行政は存在しなかったといってよいであろう。近代国家が成立し，国家の統合や近代化，国力向上といった国家目的にとって，教育が重要な手段となり，教育が国家によって組織，運営されるようになった（近代公教育の成立）。それにともない，公教育に関するさまざまな管理的機能が必要とされるようになった。このように，教育行政は近代公教育とともに成立したと考えられる。

わが国の近代公教育は，1872（明治5）年の「学制」によって始まった。その前年に学校を所管し教育行政事務を総轄する機関として文部省が設置され，「学制」では「全国ノ学政ハ之ヲ文部一省ニ統フ」（第1章）と規定され，文部省を頂点とする公教育の中央集権的管理体制が発足した。

教育の基本的事項に関しては法律ではなく，勅令によって定める，いわゆる「勅令主義」がとられた。1889（明治22）年発布の大日本帝国憲法では教育に関する規定は設けられず，「天皇ハ法律ヲ執行スル爲ニ又ハ公共ノ安寧秩序ヲ保持シ及臣民ノ幸福ヲ増進スル爲ニ必要ナル命令ヲ發シ又ハ發セシム」（第9条）という規定に教育も含まれるものとされた。教育は「臣民ノ幸福ヲ増進スル爲」に行われるものであり，教育に関する事項は天皇が発する命令（勅令）によって定められるとされたのである[4]。

また，戦前の教育行政，特に地方教育行政は内務行政の一環に位置づけられ，内務大臣が任命する府県知事によって統括されており，一般行政に従属する形をとっていた。

c 戦後の教育行政

戦後の教育改革により，中央集権的な教育行政は全面的に改められ，法律主義，地方分権，一般行政からの独立などを基本原理として営まれることとなった。

日本国憲法は国民主権を原則とし，勅令主義は廃止された。主権者の代表で構成される国会が唯一の立法機関として位置づけられ，教育に限らずあらゆる分野において，行政は国会が定めた法律の下で運営されることとなった。憲法

で国民の教育を受ける権利を明示するとともに（第26条第1項），新たに制定された教育基本法では「この法律に掲げる諸条項を実施するために必要がある場合には，適当な法令が制定されなければならない」（旧教育基本法第11条）と規定し，教育行政における法律主義を明示した。

また，1946（昭和21）年3月の「第一次アメリカ教育使節団報告書」では，教育行政改革の基本方針として，中央集権から地方分権への転換，文部省の権限削減，教育行政への住民参加，教育行政の一般行政からの独立などが示された。1948（昭和23）年には教育委員会法が成立し，新たに各地方公共団体に設置される教育委員会が地方教育行政を担うこととなった。

教育委員は住民の選挙によって選ばれる公選制がとられた（教育委員会法第7条）。民意を教育行政に反映させるという点において，公選制は前述の法律主義とともに，教育行政の民主化を実現するためのものであったと言えよう。

さらに，国が管理してきた教育内容や教員人事などが教育委員会の権限となったほか，「……文部大臣は，都道府県委員会及び地方委員会に対し……行政上及び運営上指揮監督をしてはならない」（第55条第2項）と規定され，国の地方に対する指揮監督権は原則として廃止され，教育行政の地方分権化が図られた。

また，教育行政の独立性を確保するため，教育委員会に教育委員会規則の制定権（第53条），予算原案送付権（第56条），予算支出命令権（第60条），条例原案送付権（第61条）といった権限が与えられた。特に，予算原案送付権が与えられたことは，教育委員会が教育財政に関する一定の自主権を有することを意味した。これは，教育行政の一般行政からの独立性確保という点において大きな意味を持つものであったが，教育関係予算と地方公共団体の長（首長）が管轄する一般予算との「二本立て」状態をもたらすこととなった。

d 教育委員会制度の再編

1956（昭和31）年の教育委員会法廃止，地方教育行政の組織及び運営に関する法律（地教行法）制定により，教育委員会制度は大きく改革されることとなった。

地教行法制定の趣旨は，第1に教育の政治的中立と教育行政の政治的安定性

の確保にあった。教育委員の選任方法が公選制から任命制となり，首長が議会の同意を得て任命する方式となった（地教行法第4条）。選挙が必ずしも民意を反映しておらず，また政治的対立や混乱を避け，中立的な人選を行うことを意図したものであったが，教育行政への民意反映という点では後退の感は否めなかった。

第2に地方公共団体における一般行政と教育行政の調和を図ること，特に予算に関する「二本立て」状態の解消を図るために，教育委員会の予算原案送付権が廃止されるとともに，教育財産の取得・処分等の権限が首長に移された（第24条）。財政の一本化は，教育行政を含む行政全般の調和的施行という点では意義があるが，効果的な教育行政の展開に必要な予算措置が困難になるとの指摘もある。

第3に国・都道府県・市町村一体としての教育行政制度を樹立することであった。文部大臣・都道府県・市町村各教育委員会間の連絡調整を図る（第51条）とともに，文部大臣，都道府県教育委員会に措置要求権が認められた（第52条）。また，教育長任命にあたって承認制がとられた（第16条）ほか，いわゆる県費負担教職員の人事権が都道府県教育委員会に移管（第37条，第38条）されることとなった。国と地方の一体化は，実質的に文部省・都道府県・市町村の管理体制を強化することとなった[5]。

2　国の教育行政

a　内閣・文部科学省

国の行政権は内閣に属する（日本国憲法第65条）。内閣はその首長である内閣総理大臣と，総理大臣が任命する国務大臣によって構成され（第66条，第68条），一般行政事務の他，法律の執行，外交関係の処理，予算の作成，条約締結といった事務を行う（第73条）。国の行政事務の能率的な遂行のために，内閣の統括の下に国の行政機関として，省，庁，委員会が設置される（国家行政組織法第1条，第3条）が，その中で教育関係事務を担うのが文部科学省である（文部科学省設置法2条）[6]。

文部科学省の任務は「教育の振興及び生涯学習の推進を中核とした豊かな人

間性を備えた創造的な人材の育成，学術，スポーツ及び文化の振興並びに科学技術の総合的な振興を図るとともに，宗教に関する行政事務を適切に行うこと」（第3条）である。その長が文部科学大臣であり，事務を統括し，職員の服務を統督するとともに，法律や政令の制定・改廃が必要な場合は，内閣総理大臣に案を提出して閣議を求め，また，必要に応じて省令，告示，通達などを発する（国家行政組織法第10条～第14条）。

b 文部科学省の組織と任務

文部科学省の組織は，大臣官房，7つの局（生涯学習政策局，初等中等教育局，高等教育局，科学技術・学術政策局，研究振興局，研究開発局，スポーツ・青少年局），国際統括官，外局としての文化庁からなる。これら内部部局の他に科学技術・学術審議会，中央教育審議会，文化審議会等の審議会が，また，特別の機関として日本学士院，日本ユネスコ国内委員会，日本芸術院などが置かれている。

文部科学省がつかさどる事務は，文部科学省設置法第4条に97項目にわたって規定されている。その主なものを分類・整理して示すと，以下の通りである。

(1)教育・学術・スポーツ・文化全般に関するもの
　豊かな人間性を備えた創造的な人材の育成のための教育改革に関すること
　スポーツの振興に関する企画及び立案並びに援助及び助言に関すること
　文化の振興に関する企画及び立案並びに援助及び助言に関すること
(2)学校教育に関するもの
　初等中等教育のための補助に関すること
　初等中等教育の基準の設定に関すること
　教育職員の養成並びに資質の保持及び向上に関すること
(3)生涯学習・社会教育に関するもの
　生涯学習に係る機会の整備の推進に関すること
　社会教育の振興に関する企画及び立案並びに援助及び助言に関すること
(4)地方教育行政に関するもの
　地方教育行政に関する制度の企画及び立案並びに地方教育行政の組織及び一般的運営に関する指導，助言及び勧告に関すること

地方教育行政の組織及び一般的運営に関する指導，助言及び勧告に関すること

地方教育費に関する企画に関すること

(5)学術研究・科学技術に関する権限

科学技術に関する基本的な政策の企画及び立案並びに推進に関すること

学術の振興に関すること

(6)国際交流に関する権限

国際文化交流の振興に関すること

所掌事務に係る国際協力に関すること

(7)その他

法律に基づき文部科学省に属させられた事務

c 審議会

　国の行政機関には，「重要事項に関する調査審議，不服審査その他学識経験を有する者等の合議により処理することが適当な事務をつかさどらせるための合議制の機関」（国家行政組織法第8条）として審議会等を置くことができる。文部科学省に設置されているものには，科学技術・学術審議会，宇宙開発委員会，放射線審議会，国立大学法人評価委員会，独立行政法人評価委員会，文化審議会，宗教法人審議会（以上は文部科学省設置法で規定），中央教育審議会，教科用図書検定調査審議会，大学設置・学校法人審議会（以上は文部科学省組織令で規定）がある。また，これ以外に必要に応じて調査研究協力者会議などが設置される。

　中央教育審議会（中教審）は，文部科学大臣の諮問に応じて，教育の振興及び生涯学習の推進を中核とした豊かな人間性を備えた創造的な人材の育成に関する重要事項，スポーツの振興に関する重要事項，生涯学習に係る機会の整備に関する重要事項を調査審議し，文部科学大臣に意見を述べること（文部科学省組織令第86条）などを任務とする審議会である。現在の中教審は，1952（昭和27）年に設置された従来の中教審を母体に，生涯学習審議会，理科教育及び産業教育審議会，教育課程審議会，教育職員養成審議会，大学審議会，保健体育審議会の機能を整理・統合して，2001（平成13）年1月に設置されたもので

ある。

　中教審は，文部科学大臣が任命する30人以内の委員で構成され，委員の任期は2年で再任されることができる（中央教育審議会令第1条～第3条）。中教審には，教育制度分科会，生涯学習分科会，初等中等教育分科会，大学分科会，スポーツ・青少年分科会の5つの分科会が置かれ（第5条），各分野に関する重要事項について調査審議する。

3　地方の教育行政

　地教行法では，地方教育行政の基本理念を「地方公共団体における教育行政は，教育基本法の趣旨にのっとり，教育の機会均等，教育水準の維持向上及び地域の実情に応じた教育の振興が図られるよう，国との適切な役割分担及び相互の協力の下，公正かつ適正に行われなければならない」（第1条の2）と規定している。地方教育行政を担うのは，各地方公共団体に設置される教育委員会と首長である。

a　教育委員会の組織

　教育委員会は，地方自治法（第180条の5），地教行法（第2条）に基づいて設置される合議制の行政委員会である。都道府県，市町村（特別区を含む），地方公共団体の組合に設置され，5人（都道府県，市にあっては6人，町村にあっては3人でもよい）の委員によって構成される（第3条）。委員は，首長の被選挙権を有し，人格が高潔で，教育・学術・文化に関し識見を有する者から，首長が議会の同意を得て任命する（第4条第1項）。任命にあたっては，委員の半数が同一政党に属してはならず（同条第2項），また，年齢，性別，職業等が偏らないように配慮するとともに，委員に保護者が含まれるようにしなければならない（同条第3項）。委員の任期は4年で再任されることができる（第5条）。委員の互選で教育委員長が選出され，教育委員会の会議を主宰するとともに，教育委員会を代表する（第12条）。

　実際の委員の構成をみると（表8-1），市町村の場合は平均年齢が61.4歳，都道府県が60.9歳，65歳以上の委員の割合は市町村40.1％，都道府県35.8％と

なっている。また，女性の教育委員が占める割合は，市町村30%，都道府県32.3%，保護者の教育委員は市町村14.7%，都道府県18.5%となっており，わずかではあるが増加傾向にある。

表 8 − 1　教育委員の構成 (7)

	都道府県				市町村			
	2001	2003	2005	2007	2001	2003	2005	2007
総数（人）	234	232	233	232	13,381	13,175	9,880	7,538
平均年齢（歳）	63.1	61.9	60.7	60.9	62.0	61.9	61.7	61.4
50歳未満（%）	6.8	10.3	9.8	10.0	8.5	9.1	9.6	9.5
50〜65歳未満（%）	41.9	47.8	56.6	54.3	46.8	46.4	48.2	50.3
65歳以上（%）	51.3	41.8	33.5	35.8	44.7	44.4	42.2	40.1
女性（%）	28.6	32.3	31.3	32.3	21.2	24.7	27.1	30.0
保護者（%）	10.3	14.7	16.3	18.5	12.1	13.8	14.5	14.7

　教育委員会には，教育長と教育委員会事務局が置かれる。教育長は，委員長以外の委員の中から教育委員会が任命し（第16条），教育委員会の指揮の下，教育委員会の権限に属する事務をつかさどる（第17条）。事務局は教育委員会の権限に属する事務を処理するために置かれ（第18条），指導主事，事務職員等の職員が置かれる（第19条第1項）。
　指導主事は，学校における教育課程，学習指導その他学校教育に関する専門的事項の指導に従事する（同条第2項）。指導主事は，教育に関し識見を有し，学校における教育課程，学習指導その他学校教育に関する専門的事項について教養と経験がある者でなければならない（同条第3項）。なお，指導主事は，大学以外の公立学校の教員を充てることができる（同条第4項）。

　b　教育委員会の権限
　教育委員会は，学校その他の教育機関を管理し，学校の組織編制，教育課程，教科書等の教材の取扱，教育職員の身分に関する事務，社会教育その他教育，学術及び文化に関する事務を管理・執行する（地方自治法第180条の8）。具体的な権限は，地教行法第23条に19項目にわたり規定されており，その主なもの

を示すと以下の通りである。
(1)学校教育に関するもの
　学校その他の教育機関の設置，管理及び廃止に関すること
　教育委員会及び学校その他の教育機関の職員の任免その他の人事に関すること
　学齢生徒・児童の就学，生徒，児童及び幼児の入学，転学及び退学に関すること
　学校の組織編制，教育課程，学習指導，生徒指導及び職業指導に関すること
　教科書その他の教材の取扱いに関すること
　校長，教員その他の教育関係職員の研修に関すること
(2)社会教育，文化，スポーツに関するもの
　青少年教育，女性教育及び公民館の事業その他社会教育に関すること
　スポーツに関すること
　文化財の保護に関すること
(3)その他
　教育に関する法人に関すること
　教育に関する調査及び指定統計その他の統計に関すること
　広報及び教育行政に関する相談に関すること

　都道府県教育委員会は市町村に対して，指導・助言を与えるとともに，研修の主催，指導主事派遣などの指導，助言又は援助を行うことができる（地教行法48条第1項，第2項）。

　また，文部科学大臣は，都道府県，市町村に対して上記の指導，助言又は援助を行うことができるほか（同），都道府県教育委員会に対しては，市町村に対する指導，助言，援助に関して必要な指示をすることができる（同条第3項）。

c　首長と議会

　首長は地方公共団体を統轄・代表し，行政事務を管理・執行する（地方自治法第147条，148条）。その権限は，議会への議案提出，予算の作成と執行，地方税の徴収，公の施設の設置・管理などである（第149条）。地教行法では，首長

の権限に属するものとして，(1)公立大学に関すること，(2)私立学校に関すること（都道府県知事），(3)教育財産の取得及び処分，(4)教育委員会の所掌に係る事項に関する契約締結，(5)予算の執行（地教行法第24条），(6)学校体育を除くスポーツに関すること，(7)文化財保護を除く文化に関すること（第24条の2）を規定している。

すでに述べたように，地教行法の制定にともない，首長の権限が大幅に拡大され，教育予算の執行も首長の権限となった。ただし，首長は「歳入歳出予算のうち教育に関する事務に係る部分その他特に教育に関する事務について定める議会の議決を経るべき事件の議案を作成する場合においては，教育委員会の意見をきかなければならない」（第29条）と規定されており，教育委員会への意見聴取が義務づけられている。

また，教育財産の管理は，首長の統括の下で教育委員会が行い，その取得は教育委員会の申出をまって首長が行い，取得した場合にはすみやかに教育委員会に引き継ぐこととされている（第28条）。

地方公共団体の議会は，教育委員の任命（第4条），罷免（第7条）への同意を行うほか，条例の制定・改廃，予算及び決算，契約の締結などを議決する（地方自治法第96条）。

d 地教行法の改正

2006（平成18）年の教育基本法全面改正を受け，翌年には地教行法も大幅に改正された。まず第1に，教育委員会の責任を明確にするため，地方教育行政の理念を明記するとともに（第1条の2），教育委員がこの理念と責任を自覚して教育行政の運営にあたることとした（第11条6項）。また，教育委員会に事務の管理・執行状況に関する点検・評価報告書の公表を義務付けたほか（第27条），(1)基本的方針の策定，(2)教育委員会規則の制定・改廃，(3)教育機関の設置・廃止，(4)教育機関の職員の人事，(5)点検及び評価，(6)予算等に関する首長への意見申し出の各事項ついては，教育長への委任を禁止し，教育委員会自らが執行することとした（第26条第2項）。

第2に，教育委員会の体制充実のため，市町村が近隣の市町村と協力して教育委員会の共同設置等の連携により教育行政の体制の整備・充実に努めるとと

もに，文部科学大臣及び都道府県委員会が，市町村教育行政の体制の整備・充実に資するために必要な助言，情報提供等の援助を行うよう努めなければならないこととした（第55条の2）。

小規模町村の場合，財政基盤が脆弱で，単独では十分な職員を配置できない教育委員会も少なくない。ますます多様化する教育問題に適切に対処するためにも，教育委員会の共同設置といった市町村の連携・協力による教育行政の充実が重要となってくるであろう。

第3に，地方分権を進めるため，教育委員の人数を弾力化するとともに（第3条），保護者の登用を義務づけた（第4条第4項）。また，文化，スポーツに関する事務を首長が担当できることとした（第24条の2）。

第4に，私学行政に関して，都道府県知事が私立学校に関して教育委員会に専門的な助言・援助を求めることができるとした（第27条の2）。

第5に，国の責任を明確化するため，教育委員会の法令違反や怠りのために児童・生徒の教育を受ける権利が侵害されていることが明らかである場合に，文部科学大臣が内容を示した上で是正要求を行うこと（第49条），児童・生徒の生命・身体保護のため，緊急の必要があり，他の措置による是正が困難である場合には，是正改善の指示をすることができるとした（第50条）。

これについては，国の責任を明確化したことを評価する意見がある一方で，地方分権の流れに逆行するという批判的意見も少なくない。

4　教育財政

a　教育財政とは

教育財政とは，教育に関する財政のことである。財政とは「国や地方公共団体の経済行為であり，国や地方公共団体がその作用をいとなむための財貨を獲得したり，管理・使用したりすること」[8]である。財貨の獲得とは，具体的には税金を徴収することであり，管理・使用とは予算の作成と執行および財産等の管理のことである。

したがって「教育財政」とは，「国や地方公共団体が，教育行政作用に必要な財貨を取得・管理・支出する作用」と定義づけられよう。

ところでわが国では、アメリカの学区にみられるような教育のための課税制度はない。「教育行政作用に必要な財貨の取得」という権力作用は一般財政から独立した形では存在せず、管理作用のみである。したがって、厳密な意味での「教育財政」はわが国には存在しない。しかし、教育に関する予算作成、支出管理といった諸活動を「教育財政」と呼ぶことは一般化しており、本章でもこのような意味で「教育財政」の呼称を用いる。

b 国の教育財政

国の教育財政は、国の教育予算、具体的には文部科学省関係の予算によってみることができる。2007（平成19）年度の文部科学省一般会計予算は5兆2705億円（国の歳出予算に占める割合は、11.2%）となっている（表8-2）。

表8-2　2007年度文部科学省一般会計予算 [9]

事項	金額（億円）	比率（%）
義務教育費国庫負担金	16,659	31.6
公立学校施設費	1,042	2.0
教科書購入費	395	0.8
国立大学法人運営費交付金	12,044	22.9
科学技術振興費	8,526	16.2
生涯学習・スポーツ・留学生等	4,525	8.5
私立大学等経常費補助	3,281	6.2
私立高等学校等経常費助成費等補助	1,039	2.0
私立学校施設・設備整備等	227	0.4
エネルギー対策費	2,218	4.2
奨学金事業	1,224	2.3
文化庁予算	1,017	1.9
国立大学法人等施設整備費補助金	520	1.0
計	52,705	100.0

国の教育予算の特徴は、国が直接使用するものよりも、地方公共団体や国立大学法人、私立学校などへの支出が多く、とりわけ、義務教育国庫負担金や教科書購入費、公立学校施設費といった、義務教育関係支出が約3分の1を占め

ている点であろう。

　国の教育予算の約3割を占める義務教育国庫負担金は、「義務教育について、義務教育無償の原則に則り、国民のすべてに対しその妥当な規模と内容とを保障するため、国が必要な経費を負担することにより、教育の機会均等とその水準の維持向上とを図ることを目的」（義務教育費国庫負担法第1条）として支出されるもので、公立義務教育諸学校の教職員給与費を都道府県の負担とした上で、国がその3分の1を負担するものである。従来、国庫負担は2分の1であったが、いわゆる三位一体の改革が進む中、2006（平成18）年から国庫負担が3分の1に変更された。

　すでに述べたように、教育基本法では、教育に関する施策の策定・実施と、教育の円滑で継続的な実施のために必要な財政措置を義務づけている。これを受けて、2008（平成20）年7月に国の教育振興基本計画が閣議決定されたが、原案にあった教員定数の2万5000人増加や、年間教育投資額を国内総生産（GDP）の5％とするなどの具体的数値目標は、財務省や総務省の強い反発もあってほとんど盛り込まれなかった。

　一方、同年9月に発表されたOECD（経済協力開発機構）の報告書では、日本の教育に対する公的支出の対GDP比は3.4％でOECD平均の5％を下回り、データのある加盟国中では最低となっている。また、公的支出に占める教育費の割合は9.5％でOECD平均の13.2％を下回り、イタリア（9.3％）に次いで低い水準となっている（データはいずれも2005年のもの）[10]。

c　地方の教育財政

　地方公共団体の予算の発案、執行は、地方公共団体の長（首長）の権限に（地方自治法第149条）、議決権は地方議会の権限となっている（第96条）。また、教育財政は一般財政の一環として運営されており、予算の執行は首長の権限とされている（地教行法第24条）。

　地方公共団体の財源は、自主財源と依存財源に、あるいは、一般財源と特定財源に分類される。自主財源とは、地方公共団体が独自に確保する財源であり、都道府県民税や市町村民税などの地方税が主たるものである。依存財源とは、国や上部団体から交付される財源であり、各種補助金をはじめとする国庫支出

金や地方交付税,地方譲与税などがある。

一般財源は使途が特定されていない財源であり,地方税や地方交付税などが,特定財源は使途が限定された財源であり,国庫支出金や地方債などがこれにあたる。

教育を含む地方行政が,各地方公共団体の事情に沿った形で実施されるには,自主財源,一般財源の割合が大きい方が望ましい。しかし,現状では一般財源の占める割合は6割程度であり,国からの補助金や地方交付税が4割近くを占めている(表8－3)。

表8－3　地方公共団体の歳入財源別(2006年度)[11]

区分	決算額(億円)	構成比(%)
地方税	365,062	39.9
地方譲与税	37,285	4.1
地方特例交付金	8,160	0.9
地方交付金	159,954	17.5
小計(一般財源)	570,460	62.3
国庫支出金	104,471	11.4
(うち義務教育費負担金)	16,612	1.8
地方債	96,223	10.5
その他	144,129	15.8
歳入合計	915,283	100.0

国庫支出金は,特定の事業を行うために必要な財源として交付されるものである。その使途が指定されているため,俗に「ひも付き補助金」と呼ばれることがある。2006(平成18)年度では,地方の教育費総額のおよそ12%を占めている(表8－4)。

国からの補助金は,使途が限定されていることから,全国的な教育水準の確保や特定の教育事業の財源確保といった点では有効である。しかし,地方分権の観点からは問題があり,財源を地方公共団体に移譲すべきであるとの意見は根強い。

表8－4　財源別地方教育費総額（2006年度）[12]

区分	実額（億円）	構成比（％）
A　地方債・寄付金以外の公費	160,026	96.0
1　国庫補助金	19,141	11.5
2　都道府県支出金	88,238	52.9
3　市町村支出金	52,647	31.6
B　地方債	6,234	3.7
C　寄付金	388	0.2
教育費総額	166,648	100.0

引用・参考文献

(1) 木田宏著『教育行政法　三訂』良書普及会　1966年　13頁
(2) 安藤堯雄著『教育行政学概論』岩崎書店　1965年　13頁
(3) 前掲(1)に同じ　14-16頁
(4) 佐々木正治編著『新教育原理・教師論』福村出版　2008年　124頁
(5) 同上　126－127頁
　1999（平成11）年の地方分権一括法成立により，教育長の任命承認制，措置要求権の廃止，指導・助言・援助規定の任意規定化といった改革が行われた。
(6) 文部省は2001（平成13）年の中央省庁再編で，科学技術庁と統合され，文部科学省となった。
(7) 文部科学省『平成19年度　教育行政調査（平成19年5月1日現在）――中間報告』
　2008年
　表中のデータには教育長は含まない。
　http://www.mext.go.jp/b_menu/toukei/001/005/08062509.htm
(8) 相良惟一著『教育行政学』誠文堂新光社　1972年　8頁
(9) 文部科学省『平成19年度　文部科学白書』398頁のグラフより筆者が作成。
　http://www.mext.go.jp/b_menu/hakusho/html/hpab200701/index.htm
(10) OECD Education at a Glance 2008: OECD Indicators 2008
　http://www.oecd.org/edu/eag 2008
(11) 総務省『平成20年版　地方財政白書（概要）』2008年　8頁
　http://www.soumu.go.jp/s-news/2008/pdf/080304_1.pdf
(12) 文部科学省『平成19年度　地方教育費調査（平成18会計年度）――中間報告』
　2008年
　http://www.mext.go.jp/b_menu/toukei/001/005/08062508.htm

参考文献

河野和清編著『教育行政学』ミネルヴァ書房　2006年
仙波克也・佐竹勝利編『教育行政の基礎と展開』コレール社　1999年
高橋靖直編著『学校制度と社会　第二版』玉川大学出版部　2007年
田代直人・佐々木司編『教育原理』ミネルヴァ書房　2006年
田原迫龍磨・仙波克也編『教育法規要説　2版』コレール社　2000年

9章　学校教育の制度

1　学校の定義と公教育制度の組織原理

a　学校の定義と学校教育の特質

　学校とは、「校長・教員などの教職員と、校地・校舎・校具・運動場・図書館または図書室・保健室その他の設備とを含めた、人的・物的な統一体」であり、「一定の教育課程の下に、継続的、反復的、組織的に教育を行う公設もしくは公認の施設」[1]である。

　教育は、それが行われる場によって、大きくは「家庭教育」「学校教育」「社会教育」の3つに分けられる。それらのうちで学校教育は、今日、「法律に定める」「公の性質を有する」学校体系をもつ公教育制度として運営されている。公権力が教育制度を組織する際には、教育目的、児童・生徒や教員あるいは管理者といった教育に関わるものの範囲と、制度の全体像、学校組織、教育内容や教材といった教育目的達成のための方法や手段の大枠が法で定められる。今日の学校教育の特質として、次の6点を指摘できる[2]。

(1) 公教育制度として確立しており、その一定段階までが義務教育となっている。
(2) 家庭や職場から明確に区別される一定の施設（学校）において、社会の利害関係から直接影響を受けない状態の下で行われる。
(3) 原則的には、同年齢層の比較的均質な被教育者（学習者）と、一定の資格を有する専門的・職業的な教育者の2種類の人間集団から構成されており、両者の直接的な接触によって教授—学習過程が展開される。
(4) 明確な教育的意図の下に、課程や学年などの組織原理と一定の教育計画によって、長期にわたり継続的に行われる。
(5) 修業年限が規定されており、人間の一生のうち比較的初期、すなわち青年期までに集中的に行われる。
(6) 課程の修了に対して、社会的・国家的な一定の共通した承認が与えられる。

b 公教育制度の基本原理

　公教育を組織するにあたって重視される基本原理は,「義務性」「無償性」「中立性」であり,これらは,今日のわが国では,憲法や教育基本法において明確に定められている。

　まず,義務性について,戦前においては,教育を受けることは国民(臣民)にとって,兵役・納税と並ぶ3大義務の1つとされていた。しかし,今日では,憲法において「すべて国民は,(中略)その能力に応じて,ひとしく教育を受ける権利を有する」(第26条)と教育を受けることは権利として規定され,社会的基本権の1つとして認識されるに至った。

　この前提の下,「すべて国民は,(中略)その保護する子女に普通教育を受けさせる義務を負ふ」(第26条2)と規定されている。これは,教育を受ける主体が年少の児童生徒である場合,有する権利を自覚的に行使することが困難であるので,国がその保護者に対して義務を課しているのである。

　次に,無償性は,公教育における教育経費を公費によって賄う原理であり,わが国においては,憲法で「義務教育は,これを無償とする」(第26条2項)と定められ,教育基本法においては「国又は地方公共団体の設置する学校における義務教育については,授業料を徴収しない」(第5条4項)と定められている。義務教育によって,国民があますところなく就学することが求められるが,無償制を採用することによって,教育を国民に普及する現実的保証となる。ただし,無償制の範囲は,義務教育段階の授業料と教科書費用のみであり,教育活動に必要な教材費やその他の諸費用は含まれていない。

　そして,中立性は,教育が,真理・真実に基づいて,未来を担う子どもたちの全面的な発達を目指して行われるべきであること,子どもたちの思想・信条の自由を保障することなどを目指した原理である。公教育の場においては,宗教的中立性と政治的中立性が特に重要であり,それぞれ,教育基本法において「法律に定める学校は,特定の政党を支持し,又はこれに反対するための政治教育その他政治的活動をしてはならない」(第14条),「国及び地方公共団体が設置する学校は,特定の宗教のための宗教教育その他宗教的活動をしてはならない」(第15条)と規定されている。こうして,教育の中立性を確保するために,教員は,その立場を利用して特定の思想・信条に基づいた教育活動を行っ

てはならないのである。ただし，政治的な教養や宗教に関する一般的な教養および宗教の社会生活における地位は，教育上尊重されなければならないことになっている。

c 教育の機会均等理念実現に向けた教育制度の変遷

ヨーロッパにおいては，19世紀後半以後に，社会のエリート層のための下構型学校系統と国民大衆のための上構型学校系統が並立的に存在して，複線型学校制度を形成していた。下構型学校系統は，十字軍の遠征が終わった12～13世紀のヨーロッパにおいて，聖職者・弁護士・医者などの専門的職業人育成の目的の下に成立した中世大学に起源をもつ。中世大学は，当初，教師組合としての自治的組織であったが，教会や国家の保護や干渉によって，貴族的な教養を支える教育機関として機能するに至った。また，古典語中心の学問研究のためラテン語が入学資格となり，古典文法学校が大学入学のための予備教育機関として発展した。こうして，上位の学校から下位の学校へと発達したのが下構型学校である。

一方，国民大衆のための学校は，為政者からの関心が長らく寄せられずに未整備のままであったが，17～18世紀になってようやく宗教団体や慈善団体によって，簡単な読み書き計算（3 R's：スリーアールズ）と宗教の教育がなされるようになり，19世紀中頃になって制度として整備されるようになった。やがて，国際的な産業競争の激化などの社会的必要性から，教育年限の延長や職業学校に代表される上級学校が設置されるなど，下位の学校から上位の学校へと，上構型の学校系統が発達した。こうしてできあがった複線型の学校制度においては，2つの学校系統が相互にまったく異質の学校系統となり，社会階層を再生産し，また，固定化する制度となった。

しかし，このような差別的な学校制度は，国民大衆の教育水準の向上や社会の発展にともなうより専門的知識・技術を身につけた人材を必要とする社会的要請と相まって限界を露呈し，複線型学校制度を一元化する動きが，統一学校運動として展開される。こうして，初等教育段階が統合されて共通の学校となり，中等教育以後に複数の学校制度が接続する分岐型学校制度が誕生した。しかし，高等教育段階にまで進むことができるのは経済的に裕福な家庭の子息に

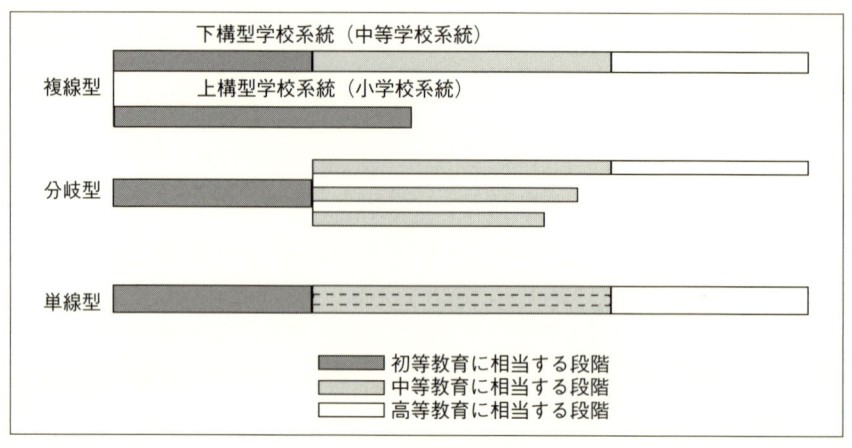

図9－1　学校体系の類型 [3]

限られており，不平等が解消されたわけではなかった。

そこで，初等教育・中等教育・高等教育段階を1つの学校系統として単一化し，所属する社会階層に関係なく，能力さえあれば上位の学校に進学できる学校系統へと変革がなされる。これが，単線型学校制度であり，20世紀後半になるとヨーロッパの主要国で実現を見た。

複線型学校制度から分岐型学校制度を経て単線型学校制度へと移行する過程は，すべての子どもたちに教育を受ける機会を平等に保証しようとする機会均等理念の実現を図るものであった。

2　わが国における教育制度の発展

a　戦前におけるわが国の学校制度

わが国においては，1872（明治5）年の「学制」の発布をもって近代的な学校制度が誕生したとされている。学制は，旧来の身分制を克服して新国家に対する国民観念を培養するとともに，欧米による日本の植民地化を防ぐための最重要課題である富国強兵・殖産興業を実現することを目指して，国家にとって有能な人材を育成することを目的としていた。そこで，旧制度下の身分制度に関係なく，国民すべてが同一の学校で学ぶことのできる制度が構想される。

具体的には，一般の行政区画とは別に，全国を8大学区，256中学区，53,760小学区に区分し，それぞれの学区に1校ずつ，大学，中学校，小学校を設置する計画であった。また，教育内容には欧米の科学に基づく実学を中心に取り入れ，一斉教授方式で授業を行うなどの特色を有した。しかしながら，「学問は身を立るの財本」（学制序文）との立場から学費については受益者負担主義がとられたことが，当時の庶民生活とは縁遠い教育内容などへの不満と相まって，学制による学校普及の施策を行き詰まらせる要因となった。

戦前の学校制度の基礎を形成したのは，初代文部大臣の森有礼が国家主義的教育政策に基づいて制定した学校令であり，具体的には，1886（明治19）年に制定公布された「帝国大学令」「師範学校令」「小学校令」「中学校令」「諸学校通則」である。これにより，4年間の尋常小学校が義務教育とされ，その後，高等中学校を経て帝国大学へとつながる正系としての学校系統と，高等小学校卒業後に尋常中学校・尋常師範学校等へと進む別系統の学校体系の基礎が作られ，正系としての学校系統では，国家の指導者養成に重点が置かれることとなる。

一方で，教育の内容については，教育の基本理念を示すものとして，1890（明治23）年に教育勅語（「教育ニ関スル勅語」）が下付された。これは，徳育即教育の観点に立ち，教育の目的を近代天皇制の発展にあるとして，天皇を中心とした挙国一致，君臣一体を宣言するものであった。

こうして，戦前においては，学校令によって基礎づけられた，中等教育段階以後が多様化した学校制度が，教育勅語に基づく教育内容を特色として発展することとなる。

b　戦後学制改革

第2次世界大戦後，アメリカ教育界の代表27名からなる使節団によって戦後のわが国の教育制度の方向性が示された。これが，「アメリカ教育使節団報告書」（1946年）である。この報告書は，教育を受ける権利を実質的に保証するために，教育を受ける機会が平等に与えられるべきとする教育の機会均等理念と民主的な教育の原理に基づく根本的な教育改革を提唱するものであった。この報告書を受けて，わが国では「教育刷新委員会」（後の「教育刷新審議会」）

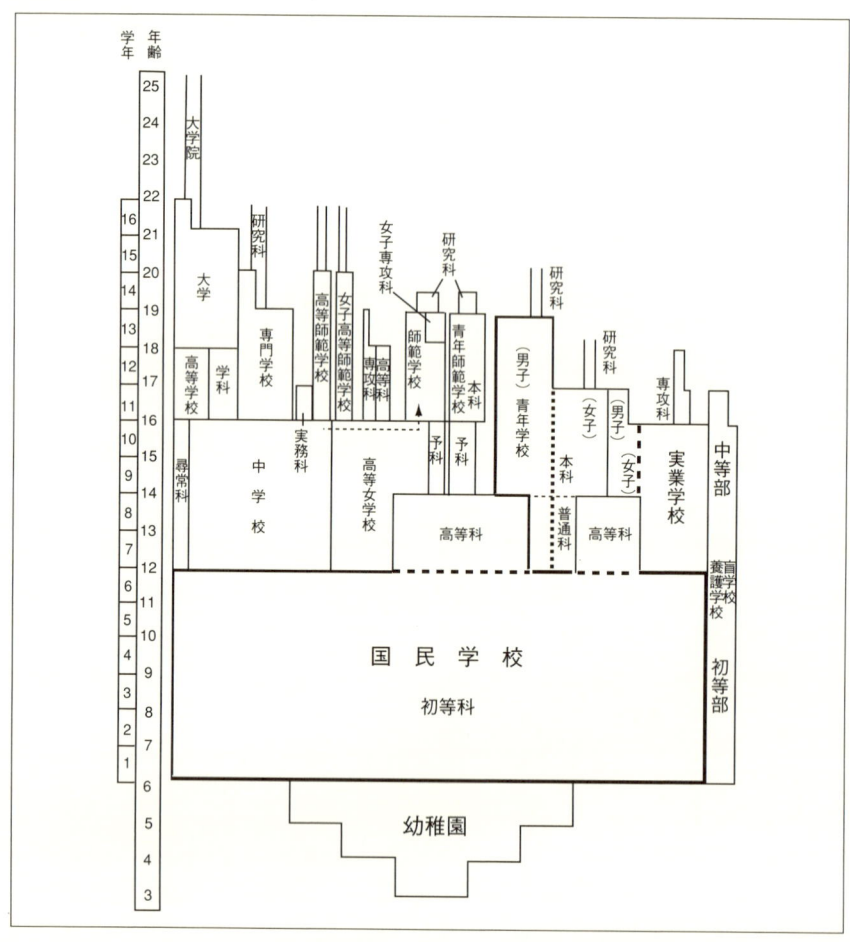

図9－2　第2次世界大戦前の学校制度（1994年）[4]

が組織され，教育基本法や学校教育法をはじめとする教育関係の重要法規の制定により，戦後の学制改革が推進された。

　この時，先に見た公教育の3つの原理がわが国の教育制度の原理として，確たる地位を得る。まず，義務性と無償性については，日本国憲法第26条において，国が国民に教育を強制する義務教育から，国民には教育を受ける権利があってそれを保証することが国や保護者といった社会の義務であると義務教育の意味が明確にされ，無償制の原則も規定された。これは，教育基本法（旧

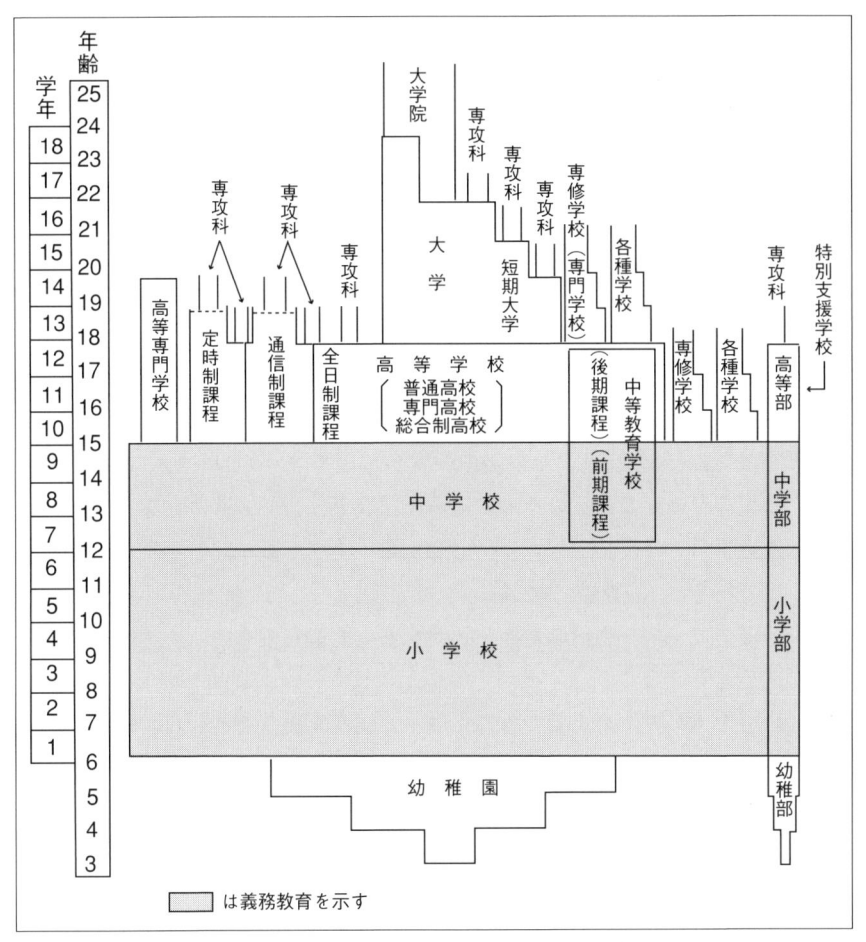

図9－3　現行の学校制度（2007年）[5]

法）でも確認され，また，同法によって義務教育年限が9年間に延長された。

　また，中立性の原理については，同じく教育基本法（旧法）で政治的中立性と宗教的中立性が規定された。この原理は，先に見たとおり，現教育基本法においても当然のことながら重要な原理となっている。

　なお，この時期に，単線型の学校制度を設立して制度上の袋小路をなくし，能力があれば誰でも上級の学校に進学できるようにしたことや奨学の制度，男女共学の制度など教育の機会均等の理念が実現をみた。

3　わが国における現行の学校制度

　現行の学校制度において，中心的な位置にあるのは「法律に定める学校」（学校教育法第1条に規定される学校で，「第1条校」と呼ばれる）であり，幼稚園，小学校，中学校，高等学校，中等教育学校，特別支援学校，大学，高等専門学校がこれに含まれる。以下，各学校の目的・目標と今日の改革動向を概観し，併せて，第1条校以外の学校にも言及したい。

a　就学前教育

　幼稚園は，「義務教育及びその後の教育の基礎を培うものとして，幼児を保育し，幼児の健やかな成長のために適当な環境を与えて，その心身の発達を助長することを目的とする」(学校教育法第22条)学校であり，その教育目標は，次の5項である (学校教育法第23条)。

(1)健康，安全で幸福な生活のために必要な基本的な習慣を養い，身体諸機能の調和的発達を図ること。
(2)集団生活を通じて，喜んでこれに参加する態度を養うとともに家族や身近な人への信頼感を深め，自主，自律及び協同の精神並びに規範意識の芽生えを養うこと。
(3)身近な社会生活，生命及び自然に対する興味を養い，それらに対する正しい理解と態度及び思考力の芽生えを養うこと。
(4)日常の会話や，絵本，童話等に親しむことを通じて，言葉の使い方を正しく導くとともに，相手の話を理解しようとする態度を養うこと。
(5)音楽，身体による表現，造形等に親しむことを通じて，豊かな感性と表現力の芽生えを養うこと。

　ところで，幼児の教育と保育は，学校の一種としての幼稚園と，「日日保護者の委託を受けて，保育に欠けるその乳児又は幼児を保育することを目的とする」児童福祉施設としての保育所による二元的な制度として定着していた。この制度については，かつて臨時教育審議会 (1984～87年) においてそのあり方が検討されたが，その第3次答申 (1987年) で，「幼稚園・保育所は，その目

的は異なる」ことを確認し,「保育ニーズに適切に対応できるよう,それぞれの制度の中で整備を進める」こととされた。しかし,昨今の深刻な少子化の進行や,教育・保育ニーズの多様化にともなって,必ずしもこれまでの取組だけでは対応できない状況が顕在化するに至った。そこで,就学前の教育・保育を一体として捉え,一貫して提供する新たな制度的枠組みとして「認定こども園」が2006（平成18）年10月から制度化された。これは,0歳から就学前の児童すべてを対象として保育に欠ける児童も欠けない児童も受け入れること,すべての子育てや家庭を対象に,子育て不安に対応した相談や親子の集いの場を提供するなど,就学前の子どもに幼児教育・保育を提供するとともに地域における子育て支援を行う施設として出発した。

なお,2007（平成19）年の学校教育法の一部改正で,幼稚園は,子どもの発達の連続性に留意して,第1条に列挙される学校の筆頭に記載されるに至った。また,2008（平成20）年改訂の幼稚園教育要領においては,「子育て支援のために保護者や地域の人々に機能や施設を開放して,（中略）幼児期の教育に関する相談に応じたり,情報を提供したり,幼児と保護者との登園を受け入れたり,保護者同士の交流の機会を提供したりするなど,地域における乳幼児の教育センターとしての役割を果たす」ことが求められている。さらに,幼稚園と小学校教育の円滑な接続を図るために,幼児と児童の交流や小学校教師との連携が求められるようになっている。ちなみに,これらの事項については,同じく2008（平成20）年改訂の保育所保育指針でも同様に強調されている事柄である。

b 初等・中等教育

小学校は,「心身の発達に応じて,初等普通教育を施すことを目的とする」（学校教育法第29条）学校で,満6歳から12歳に至る児童を対象にした初等教育機関である。中学校は,「小学校における教育の基礎の上に,心身の発達に応じて,中等普通教育を施すことを目的とする」（学校教育法第45条）学校であり,満12歳から15歳に至る生徒を対象とする前期中等機関である。高等学校は,「中学校における教育の基礎の上に,心身に発達に応じて,高等普通教育及び専門教育を施すことを目的とする」（学校教育法第50条）学校であり,後期中等教育機関となる。

ところで，ここで言う「普通教育」とは，基礎教育として国民一般が受けるべき共通の内容の教育をいう。これに対して，「専門教育」とは，専門的な知識および技能を習得させることを目的とした教育であるが，かつての複線型学校体系の下でみられた「職業教育」とはその性質を異にする。

これらの教育機関のうち，小学校と中学校は，義務教育の期間として位置づけられる。そして，「義務教育として行われる普通教育は，各個人の有する能力を伸ばしつつ社会において自立的に生きる基礎を培い，また，国家及び社会の形成者として必要とされる基本的な資質を養うことを目的として」行われる（教育基本法第5条第2項）。この目的を実現するために，義務教育段階では，具体的に次の目標が掲げられている（学校教育法第21条）。

(1) 学校内外における社会的活動を促進し，自主，自律及び協同の精神，規範意識，公正な判断力並びに公共の精神に基づき主体的に社会の形成に参画し，その発展に寄与する態度を養うこと。

(2) 学校内外における自然体験活動を促進し，生命及び自然を尊重する精神並びに環境の保全に寄与する態度を養うこと。

(3) 我が国と郷土の現状と歴史について，正しい理解に導き，伝統と文化を尊重し，それらをはぐくんできた我が国と郷土を愛する態度を養うとともに，進んで外国の文化の理解を通じて，他国を尊重し，国際社会の平和と発展に寄与する態度を養うこと。

(4) 家族と家庭の役割，生活に必要な衣，食，住，情報，産業その他の事項について基礎的な理解と技能を養うこと。

(5) 読書に親しませ，生活に必要な国語を正しく理解し，使用する基礎的な能力を養うこと。

(6) 生活に必要な数量的な関係を正しく理解し，処理する基礎的な能力を養うこと。

(7) 生活にかかわる自然現象について，観察及び実験を通じて，科学的に理解し，処理する基礎的な能力を養うこと。

(8) 健康，安全で幸福な生活のために必要な習慣を養うとともに，運動を通じて体力を養い，心身の調和的発達を図ること。

(9) 生活を明るく豊かにする音楽，美術，文芸その他の芸術について基礎的な理

解と技能を養うこと。
(10)職業についての基礎的な知識と技能，勤労を重んずる態度及び個性に応じて将来の進路を選択する能力を養うこと。

　また，高等学校および中等教育学校に関しては，その目標がほぼ同一なので高等学校の目標だけを示すと，次の3項目が規定されている(学校教育法第51条)。

(1)義務教育として行われる普通教育の成果を更に発展拡充させ，豊かな人間性，創造性及び健やかな身体を養い，国家及び社会の形成者として必要な資質を養うこと。
(2)社会において果たさなければならない使命の自覚に基づき，個性に応じて将来の進路を決定させ，一般的な教養を高め，専門的な知識，技術及び技能を習得させること。
(3)個性の確立に努めるとともに，社会について，広く深い理解と健全な批判力を養い，社会の発展に寄与する態度を養うこと。

　高等学校は義務教育段階の学校ではないけれども，今日の就学率は約97％と準義務教育の様相を呈している。しかしながら，退学率の増加をはじめさまざまな問題を抱えている。そこで，生徒の多様な能力や関心を尊重し，個性を伸ばし，生徒の幅広い進路希望に対応するために，特色ある学校・学科づくりを目指して高等学校教育の個性化・多様化が推進されてきた。たとえば，1993(平成5)年度に，学年による教育課程区分を設けず，決められた単位を修得すれば卒業が認められる単位制高等学校の導入がなされた(定時制・通信制課程においては1988〈昭和63〉年度から)。また，1994(平成6)年に，普通教育および専門教育の選択履修を中心に総合的に学べる学科として総合学科が設置された。そして，中学校と高等学校の6年間にわたる「義務教育として行われる普通教育並びに高度な普通教育及び専門教育を一貫して施すことを目的とする」(学校教育法第63条)学校として，中等教育学校が1998(平成10)年に制度的に認められた。なお，中高一貫教育は，中等教育学校の他に，併設型の中学校・高等学校，連携型の中学校・高等学校のあわせて3種類の形態で行われている。

c 高等教育

　高等教育機関としての大学は,「学術の中心として,広く知識を授けるとともに,深く専門の学芸を教授研究し,知的,道徳的及び応用的能力を展開させることを目的とする」(学校教育法第83条)。この目的に代えて,「深く専門の学芸を教授研究し,職業又は実際生活に必要な能力を育成することをおもな目的とする」(学校教育法第108条)のが短期大学である。

　今日,大学進学率の上昇や,高等学校における教育内容の多様化の一方で,社会人学生や留学生の増加も見込まれるなど,学生の興味・関心や履修歴といった大学生の質がさまざまな面において多様になってきている。また,他方で,時代の変化や社会の要請に適切に対応した,教育研究活動を行っていくことが大学に求められるようにもなってきた。

　こうした背景を受けて,たとえば,2004(平成16)年度から国立大学は,国の組織から独立した国立大学法人となった。これは,かつての国立大学が文部科学省の内部組織であったことから生じていたさまざまな不都合を取り除き,優れた教育や特色ある研究に各大学が工夫を凝らせるようにして,より個性豊かな魅力のある大学になっていけるようにすることを目指した改革である。また,文部科学省では,各大学における大学改革の取組がいっそう推進されるよう,国公私立大学を通じた競争的環境の下で,特色・個性ある優れた取組を選定・支援するために,国公私立大学を通じた大学教育改革の支援,世界最高水準の卓越した教育研究拠点形成と大学院教育の抜本的強化,地域振興の核となる大学の構築,大学・大学病院が連携した医師等の養成システムの推進,産学連携による高度人材育成と教育プログラムの充実・強化を目指した各種のプログラムや事業が進行中である。

　高等専門学校は,「深く専門の学芸を教授し,職業に必要な能力を育成することを目的とする」(学校教育法第115条),後期中等教育と2年間の高等教育課程が一体となった5年制の教育機関である。高等専門学校は,製造業などで活躍できる実践的技術者養成を目的として1962(昭和37)年に制度化され,わが国の製造業の発展に大きく寄与してきた。今日では,大学への編入学が可能となり,多くの学生が4年制大学に編入学している。

d 特別支援学校

　特別支援学校は,「視覚障害者,聴覚障害者,知的障害者,肢体不自由者又は病弱者(身体虚弱者を含む)に対して,幼稚園,小学校,中学校又は高等学校に準ずる教育を施すとともに,障害による学習上又は生活上の困難を克服し自立を図るために必要な知識技能を授けることを目的とする」(学校教育法第72条)。障害児の教育は,これまで,障害の種類や程度に応じて盲・聾・養護学校や特殊学級といった特別な場で指導を行うことにより,手厚くきめ細かい教育を行うことに重点をおいてなされてきた。特別支援学校は,このような従来の障害児教育に代わるものである。その理念は,中央教育審議会答申「特別支援教育を推進するための制度の在り方について」(2005年)によると,「障害のある幼児児童生徒の自立や社会参加に向けた主体的な取組を支援するという視点に立ち,幼児児童生徒一人一人の教育的ニーズを把握し,その持てる力を高め,生活や学習上の困難を改善又は克服するため,適切な指導及び必要な支援を行うものである」。また,「現在,小・中学校において通常の学級に在籍するLD・ADHD・高機能自閉症等の児童生徒に対する指導及び支援が喫緊の課題となっており,『特別支援教育』においては,特殊教育の対象となっている幼児児童生徒に加え,これらの児童生徒に対しても適切な指導及び必要な支援を行う」ことにより,「障害の有無にかかわらず,誰もが相互に人格と個性を尊重し支え合う共生社会」の実現を目指している。

e 専修学校・各種学校等

　第1条校の他に学校教育法で定める学校には,専修学校と各種学校がある。専修学校は,「職業若しくは実際生活に必要な能力を育成し,又は教養の向上を図ることを目的」(学校教育法第124条)とする学校で,(1)修業年限が1年以上,(2)授業時数が文部科学大臣の定める授業時数(年間800時間)以上,(3)教育を受ける者が常時40人以上の条件を満たす教育機関である。専修学校は,その入学資格から高等課程,専門課程,一般課程の3種類に分けられる。高等課程は,中学校卒業者を対象とし,高等専修学校と称することができる。専門課程は,高等学校卒業者を対象とし,専門学校と称することができる。一般課程は

入学に当たっての学歴を問わない。今日,専修学校は,さまざまな教育分野において多様な教育需要に応えており,特に,専門課程での学習成果を社会において正当に評価する必要性から,1994(平成6)年にはその卒業生に対して専門士の称号が与えられ,1999(平成11)年からは大学への編入学が可能となった。

各種学校は,「学校教育に類する教育」(学校教育法第134条)を行う学校である。各種学校には,修業年限,授業時数,職員や生徒の組織,施設・設備等に関して一定の基準が定められているが,第1条校よりも大幅な弾力性が認められ,教育内容や教育水準はさまざまである。各種学校は,学校教育と社会教育の中間的な位置にあり,第1条校の補完的役割を果たしてきた。

その他,学校教育法に規定されない学校として,国の行政機関などの付属機関として設置されている防衛大学校,警察大学校,気象大学校や自治大学校,独立行政法人あるいは地方公共団体が設置する大学校が存在する。ただし,大学校については,教育内容や名称独占に明確な法規定がないので,多種多様な大学校が存在し,専修学校や各種学校の中にも大学校を名乗る学校がある。

以上,今日のわが国の学校制度を概観したが,今日の学校制度が多くの問題を抱えていることは事実である。たとえば,教育の機会均等を目指した単線型学校への改革によって教育における一応の平等を実現したものの,個々人のニーズへの対応や教育の質的な面で見た場合に平等を実現できているかどうかについては疑問が残る。また,長く維持されてきた6-3-3-4制の学校階梯の適切性に疑問が投げかけられたりもしている。今後,少子高齢化・人口減少社会の到来が公教育制度に大きな影響を与えることは必至である。これからの時代に最適な公教育制度のあり方に関するよりいっそうの議論が求められている。

引用文献
(1)福本みちよ『教育法規の要点』(第6版) 酒井書店 2008年
(2)細谷敏夫他編『新教育学大事典』第一法規 1990年
(3)大浦猛編集『系統看護講座 基礎7 教育学』(第5版) 医学書院 1996年 (真

野宮雄著）
⑷文部省『学制百年史資料編』帝国地方行政学会　1981年
⑸窪田眞二・小川友次『教育法規便覧　平成20年版』学陽書房　2007年

参考文献
上原貞雄・三好信浩編『教育原論』福村出版　1992年
林勲編著『教育の原理』法律文化社　2004年
山崎清男編著『教育学を学ぶ』川島書店　2004年
田代直人・佐々木司編著『教育の原理』ミネルヴァ書房　2006年
佐々木正治編著『新教育原理・教師論』福村出版　2008年
河野和清編著『現代教育の制度と行政』福村出版　2008年

10章　社会教育・生涯学習の機会

1　社会教育とは何か

a　法律における社会教育の定義

2006（平成18）年に旧教育基本法が改正され，現在の教育基本法が公布された。その第12条第1項では社会教育について，次のように定められている。「個人の要望や社会の要請にこたえ，社会において行われる教育は，国及び地方公共団体によって奨励されなければならない」。さらに，第2項では「国及び地方公共団体は，図書館，博物館，公民館その他の社会教育施設の設置，学校の施設の利用，学習の機会及び情報の提供その他の適当な方法によって社会教育の振興に努めなければならない」と，社会教育振興における国および地方公共団体の責任について定めている。

これら2つの条項をみると，社会教育とは「社会において行われる教育」であり，社会教育施設には図書館，博物館，公民館等があることがうかがえる。また，現行の教育基本法第3条では，社会教育に密接に関連する生涯学習の理念について「国民一人一人が，自己の人格を磨き，豊かな人生を送ることができるよう，その生涯にわたって，あらゆる機会に，あらゆる場所において学習することができ，その成果を適切に生かすことのできる社会の実現が図られなければならない」としている。

1947（昭和22）年に公布された旧教育基本法では，第7条第1項において社会教育について「家庭教育及び勤労の場所その他社会において行われる教育は，国及び地方公共団体によって奨励されなければならない」と述べており，第2項では「国及び地方公共団体は，図書館，博物館，公民館等の施設の設置，学校の施設の利用その他適当な方法によって教育の目的の実現に努めなければならない」とされていた。これらの条項をみると，現行のものとあまり違いがないようであるが，定義について旧教育基本法は「家庭教育及び勤労の場所その他社会において行われる教育」と，家庭教育も社会教育の一部分であるように

示しているのに対して，現行の教育基本法では第12条においては「家庭教育」にはふれず，「社会における教育」とのみ示されている。

社会教育についてのさらに詳細な定義は，社会教育法第2条においてなされている。1949（昭和24）年に公布されたこの法律の第2条によれば，社会教育とは「学校教育法に基づき，学校の教育課程として行われる教育活動を除き，主として青少年及び成人に対して行われる組織的な教育活動（体育及びレクリエーションの活動を含む）」とされる。

以上，わが国の法律において社会教育が何を意味するかについてみてきたが，筆者は，社会教育とは「学校教育，家庭教育を除くいっさいの教育活動」[1]であるとの山本恒夫の定義をとりたい。家庭教育を除く理由は，田中耕太郎が指摘するように，「家庭教育は，家庭のもつ閉鎖的な小規模の協同体たる性格の結果として，種々の特色をもっている」[2]と考えるからである。また，社会教育法第1条にあるように「教育基本法の精神に則り」この法律が存在しているのだから，「人格の完成（教育基本法第1条）」を目的とする教育活動が展開されていることが，社会教育に値するものの前提であると考える。

b 国際社会における社会教育の領域

わが国の社会教育の領域は，欧米では成人教育(adult education)，継続教育(continuing education)等の言葉でカバーされている。学校外教育(out of school education)という言葉も，ユネスコ，ユニセフ等の国際機関で使われている。また，ユネスコが提唱してきた生涯教育(lifelong education)，生涯学習(lifelong learning)とも重なり合うところが多く，密接な関係がある言葉である。開発途上国においては，ノンフォーマル教育(non-formal education)がよく使われている。その言葉は「学校の枠組みの外において指導される，すべての組織化され体系化された教育活動」[3]と定義される。ノンフォーマル教育は1970年代より国際的に注目されてきた教育形態であり，その背景には，世界銀行等の国際機関における「基本的人間ニーズ」を中心とした戦略が存在した。

このように，国際社会ではわが国の社会教育にあたる概念としてさまざまな言葉が使われているが，重要な点は，それぞれ使われてきた背景が存在することである。それではわが国ではいつ頃からどのような文脈で，「社会教育」と

いう言葉が使われてきたのだろうか。

2 戦前, 戦後の社会教育

a 戦前の社会教育

社会教育という言葉は, 第2次世界大戦前からわが国では, すでに使われていた。社会教育の前は通俗教育の名称が1886 (明治19) 年から用いられている。この年,「各省官制」において, 文部省の学務局の所管事項中に, 書籍館 (後の帝国図書館, 現在国会図書館, 1872〈明治5〉年に設立), 博物館 (後の東京博物館, 博物局観覧場の名称で1872〈明治5〉年に設立) に関する事務とともに通俗教育に関する事務が認められている。通俗教育とは「学校教育ノ施設外ニ於テ国民一般ニ対シ通俗平易ノ方法ニ依リ教育ヲ行フモノ」[4]であった。文部省に1911 (明治44) 年に設置された通俗教育調査委員会は, 通俗教育に関する公演資料の収集, 編纂及び配布, 幻灯の映画および活動写真の活動画の選定, 調製または貸付その他読物の選択, 編纂, 通俗図書館, 巡回文庫等の普及等に取り組んでいる。

1921 (大正10) 年, この言葉にかわって社会教育という名称が官制上用いられることになった。1925 (大正14) 年には, 地方社会教育職員制を制定し, 道府県に社会教育主事および社会教育主事補が置かれている。その後, 1926 (大正15) 年には「青年訓練所令」および「青年訓練所規程」が公布され, 1935 (昭和10) 年には青年学校制度が実業補習学校と青年訓練所を統合し創設されている。戦前の社会教育は, こうした青年団体の指導にもっとも力点が置かれており, その一方で図書館等の育成面はほとんど閑却化されていた。1931 (昭和6) 年満州事変勃発後においては軍国主義, 極端な国家主義的な傾向が顕著になり, この傾向は組織化において不完全である社会教育の面においてもっともはなはだしかったといわれる。このような状況のなかで, 当時, 社会教育機関としての青年学校, 青少年団体等では軍事教練的要素が濃厚であった。

こうしたわが国の戦前の社会教育に対して, 欧米の社会教育は, 公共図書館, その他の社会施設の設置運動と不可分の関係で進められ, 第1次世界大戦後, 成人教育として定着してきた。わが国の社会教育が, 関係団体の育成にとどま

り，青年教育に対して偏って力が入れられていたのと比べると，かなりの違いがある。

b 戦後の社会教育

終戦を迎えて，従来の官僚統制の社会教育行政は民主化の方向に切りかえられ，一般民衆の要望にそいながら，その自主性，自律性が尊重される方向に社会教育の再建振興が文部省によって推進された。

戦後の教育にはアメリカ教育使節団（以下，使節団）が大きな影響を及ぼしているが，社会教育も例外ではない。第1次使節団報告書では，「成人教育（adult education）」の章で，約半分のスペースを使って公共図書館を拡充することの重要性が示されている。使節団が強調した公立図書館は，わが国ではすでに戦前から存在していた。しかし戦前における図書館の実態は，大都市は別として「通俗図書館」の多くが，町村の有力者の寄附金等により小学校の片隅に設けられ，蔵書としては日常生活についての教訓書，講談本，公民用図書，産業とくに農業関係図書，軍国主義・超国家主義的な宣伝用図書・パンフレット等1000冊ほどのものをそろえ，教員・青年団員の協力によって運営されるといったレベルにとどまっていた[5]。

博物館についても使節団は「科学及び産業博物館は，更に日本の天然資源について，人々に必要な知識を与えることができるであろう。歴史博物館は，過去との連続において現在を理解する助けとなりうる。美術博物館は，普遍的に人の心にうったえる人間のあこがれを理解するのに役立つ」と，成人教育の果たす大きな可能性について述べている。

また「一般の人々には公演，討論及び座談会における自由な談話の形式を広く実地にみせてやる必要がある。集団又はチームを一般人民の間に派遣して，研究と討論とによって，日本が現在直面している問題を，いっそう十分に了解させるように彼らを指導することもできる」と使節団報告書には書かれており，集団討論，談話といった自由な形式による教育の方法論が重視されたことがうかがえる。こうした使節団の考えは，日本の教育再建政策立案の根本的な手がかりとなったものである。

ところで，戦後のわが国における社会教育を考えるときに忘れてはならない

施設が,公民館である。公民館は,寺中作雄（当時文部省社会教育局公民教育課長,のちに社会教育課長）によってその構想が考えられた。公民館構想では,公民館は「公民の家」であるととらえられた。「公民たる者が公民の資格に於いて集まり,其処で公民として適はしい修養や社交をする施設」[6]が公民館であり,この場合の公民とは「自己と社会との関係についての正しい自覚を持ち,自己の人間としての価値を重んじると共に,一身の利益を超越して,相互の助け合いによって公共社会の完成の為に尽くす様な人格を持った人又は其の様な人格たらんことを求めて努める人」を意味するとされた。公民館は多方面の機能を持った文化施設であることを期待された。それは社会教育の機関であり,社交娯楽機関であり,自治振興機関であり,産業振興機関であり,青年養成機関であり,その他,機能の総合された町村振興の中心機関であった。

c 社会教育の法制化

使節団の報告書およびわが国側の社会教育関係者の教育理念に基づいて,戦後のわが国における社会教育の基盤は整えられていった。1949（昭和24）年には,社会教育法が制定され,社会教育に関する国および地方公共団体の任務,社会教育関係団体,社会教育委員,公民館,学校施設の利用,社会通信教育等,社会教育全般にわたる規定が整えられた。その後,1950（昭和25）年に図書館法が,1951（昭和26）年に博物館法が制定され,目的,事業内容,職員,国の補助金等について定められた。1953（昭和28）年には青年学級振興法が制定されている。青年学級とは,高等学校に進学しない勤労青年に対し,「実際生活に必要な職業または家事に関する知識および技能を修得させ,並びにその一般教養を向上させること」を目的とした事業である（青年学級振興法2条）。青年学級は1998（平成10）年の生涯学習審議会答申「社会の変化に対応した今後の社会教育行政の在り方について」の中で,「進学率の上昇等の社会の変化に伴い廃止することが適当である」とされ,1999（平成11）年に成立した「地方分権の推進を図るための関係法律の整備等に関する法律（以下,地方分権推進一括法）」において,その規定が削除された。

3 社会教育の指導者

わが国における社会教育の指導者にはどのような種類があり、それぞれ、どのような職務を担当しているか、特に重要な位置づけをされているものについて述べたい。

a 社会教育主事

社会教育法では、都道府県および市町村の教育委員会の事務局に、社会教育主事を置くことが定められている（社会教育法第9条の2）。社会教育主事は、社会教育を行う者に専門的技術的な助言と指導を与えることを職務とするが、命令および監督をしてはならない（社会教育法第9条の3）。都道府県および市町村の教育委員会の事務局に、社会教育主事を置くこととされているが、必置にもかかわらず、全国の教育委員会（都道府県・市町村）における社会教育主事（派遣を含む）の配置率は、61.3％（2005〈平成17〉年度）に留まっている[7]。

社会教育主事の職務は、⑴一般事務（部内外の者との連絡会議、打ち合わせ、報告、後援事務、文化振興、文化財の保存・管理事務、学校開放の依頼事務、社会教育広報事務等）、⑵教育委員会内部での指導助言事務（指導助言のための部内の会合と企画、年間事業計画の作成、市町村・公民館・団体・学校・学級への訪問計画、研究会・講習会・学級等の開催にともなう施設の使用、講師や教材の斡旋と教育資源の活用、各種調査研究、指導資料発行計画ならびに執筆、出版、社会教育委員会に関する事務等）、⑶現地指導、⑷自己研修等がある。

b 社会教育委員

社会教育法15条では、都道府県および市町村に社会教育委員をおくことができるとされている。1999（平成11）年に成立した「地方分権推進一括法」により、社会教育委員は学校教育および社会教育の関係者、家庭教育の向上に資する活動を行う者並びに学識経験のある者の中から、教育委員会が委嘱することとされた（社会教育法第15条第2項）。従前は、当該都道府県または当該市町村の区域内に設置された各学校の長をはじめとし、構成メンバーおよび委嘱の手

続きが定められていた。

社会教育委員は,社会教育に関し教育長を経て教育委員会に助言するため,次の職務を行う(社会教育法第17条第1項)。(1)社会教育に関する諸計画を立案すること,(2)定時または臨時に会議を開き,教育委員会の諮問に応じ,これに対して,意見を述べること,(3)(2)のために必要な研究調査を行うこと。また,社会教育委員は,教育委員会の会議に出席して社会教育に関し意見を述べることができる(社会教育法第17条第2項)。さらに市町村の社会教育委員は,当該市町村の教育委員会から委嘱を受けた青少年教育に関する特定の事項について,社会教育指導者その他関係者に対し,助言と指導を与えることができる(社会教育法第17条第3項)。

c 公民館長・主事

公民館は,市町村その他一定区域内の住民のために,実際生活に即する教育,学術および文化に関する各種の事業を行い,もって住民の教養の向上,健康の増進,情操の純化を図り,生活文化の振興,社会福祉の増進に寄与することを目的とする(社会教育法第20条),市町村が設置することになっている施設である(社会教育法第21条)。公民館の事業は,(1)定期講座を開設すること,(2)討論会,講習会,講演会,実習会,展示会等を開催すること,(3)図書,記録,模型,資料等を備え,その利用を図ること,(4)体育,レクリエーション等に関する集会を開催すること,(5)各種の団体,機関等の連絡を図ること,(6)その施設を住民の集会その他の公共的利用に供することである(社会教育法第22条)。

社会教育法第27条では,公民館に館長を置き,主事その他必要な職員を置くことができることが定められている。館長は,公民館の行う各種の事業の企画実施その他必要な事務を行い,所属職員を監督する(社会教育法第27条第2項)。主事は,館長の命を受け,公民館の事業の実施にあたる(社会教育法第27条第3項)。市町村の設置する公民館の館長,主事その他必要な職員は,教育長の推薦により,当該市町村の教育委員会が任命することになっている(社会教育法第28条)。

なお,社会教育法第29条第1項の規定により,公民館には地域住民の意思を反映させる目的で公民館運営審議会を置くこととされていたが,「地方分権推

進一括法」により，設置が任意化されている。

d　図書館長・司書・司書補

　図書館は，図書，記録，その他必要な資料を収集し，整理し，保存して，一般公衆の利用に供し，その教養，調査研究，レクリエーション等に資することを目的としている（図書館法第2条）。図書館に置かれる専門的職員が司書および司書補であり，司書は，図書館の専門的事務に従事し，司書補は，司書の職務を助ける（図書館法第4条）。

　具体的に，司書は，次のような職務を行っている。(1)図書，記録，視聴覚教育の資料その他必要な資料を収集し，一般公衆の利用に供すること，(2)図書館資料の分類排列を適切にし，およびその目録を整備すること，(3)図書館資料の利用のための相談に応じるようにすること，(4)他の図書館，国立国会図書館，地方公共団体の議会に附置する図書室および学校に附属する図書館または図書室と緊密に連絡し，協力し，図書館資料の相互貸借を行うこと，(5)分館，閲覧所，配本所等を設置すること，(6)読書会，研究会，鑑賞会，映写会，資料展示会等を主催し，およびその奨励を行うこと，(7)時事に関する情報および参考資料を紹介し，および提供すること等である。

　また，公立図書館には館長並びに当該図書館を設置する地方公共団体の教育委員会が必要と認める専門的職員，事務職員および技術職員を置くこととされている（図書館法第13条第1項）。館長は，館務を掌理し，所属職員を監督して，図書館奉仕の機能の達成に努めなければならない（図書館法第13条第2項）。

　国庫補助を受ける図書館では，当該図書館長は司書となる資格等を有する者でなければならないと規定されていた（図書館法13条第3項）が，「地方分権化推進一括法」により，資格に関する項目が削除されている。

e　博物館長・学芸員・学芸員補

　博物館では，歴史，芸術，民俗，産業，自然科学等に関する資料を収集し，保管し，展示して教育的配慮のもとに一般公衆の利用に供し，その教養，調査研究，レクリエーション等に資するために必要な事業を行い，あわせてこれらの資料に関する調査研究をすることを目的とする機関である。実物資料を通じ

て，公衆の教養を高めたり，調査研究に必要な事業を行ったりしており，美術館，動物園，水族館，歴史博物館，科学博物館等多様な形態がある。博物館には館長が置かれ（博物館法第4条第1項），館務を掌理し，所属職員を監督して，博物館の任務の達成に努めることと定められている（博物館法第4条第2項）。また，専門的職員として学芸員を置くことになっており（博物館法第4条第3項），博物館資料の収集，保管，展示および調査研究その他これと関連する事項についての専門的事項をつかさどるとされている（博物館法第4条第4項）。また，博物館にはその他，学芸員補，その他の職員を置くことができると定められている（博物館法第4条第5項）。

f その他

その他，社会教育の指導者として，社会教育研究職関係者，社会教育事務職関係者（文部科学省社会教育担当部局，都道府県および市町村の社会教育担当課）が挙げられる。また，文部省の国立社会教育施設（国立オリンピック記念青少年総合センター，国立青年の家，国立少年自然の家，国立婦人教育会館），地方公共団体の社会教育施設（文書館，少年自然の家，青年の家，青少年センター）においても，管理，事業の運営にあたる職員が置かれている。さらに，文部省社会教育審議会委員，都道府県・市町村教育委員会の専門的諮問・助言機関の関係者（公民館運営審議会委員，図書館協議会委員，博物館協議会委員，青年の家運営委員）等，民間有志の指導者も重要な役割を果たしている。

4 生涯学習体系への移行と社会教育の位置づけ

これまで社会教育とは何かについて考えてきた。社会教育という言葉は，1980年代からわが国で生涯学習という言葉が広がるとともに使われなくなったり，あるいは使われ方が，社会教育，生涯教育，生涯学習をめぐって混乱しているように思われる。この点を整理しつつ，今後の社会教育の課題についても考えていきたい。

a　ユネスコにおける生涯教育,生涯学習の提唱

　生涯学習という言葉へつながる生涯教育のコンセプトが国際舞台に登場したのは,ユネスコが1965(昭和40)年12月にパリの本部で開催した成人教育推進国際委員会で,ラングラン(Lengrand, P.)が提出したワーキングペーパーであった。本委員会では,フランス語の恒久教育(l'éducation permanente)という言葉が使われていたが,ユネスコは英訳として生涯教育(lifelong education)を採用した。しかし,会議期間中,恒久教育の訳として,継続教育(continuing education)としたワーキングペーパーもあり,概念を英訳するときに模索が続いていた。ユネスコの生涯教育に対する認識は次の文からもうかがえる。すなわち,「教育は,児童期または青年期で終わらず,一生続き,個人と社会の永続的な要求を満たすものであるという考え方は着実に進んでいる」とし,「もし人間が生涯を通して学び,勉強し,成長することができ,またそうすべきならば,子どもや青年の教育施設の機能は当然,根本的に変える必要がある」と,生涯教育の理念に基づく学校制度の改革の必要性についても言及している。たとえば,「成人が自ら学習や訓練に取り組もうとし,自らに教育を課そうとするならば」,「その成人は,人生のはじめの段階において,その人自身の理論的実際的な学習の技術を訓練されなければならない」[8]のである。

　ユネスコは,当初,生涯学習(lifelong learning)ではなく,生涯教育という言葉を使っていた。しかし,1976(昭和51)年にナイロビで開催した第19回ユネスコ総会で採択した「成人教育の発展に関する報告」では,生涯教育と生涯学習とを併記した。さらにその後,1985(昭和60)年にパリで開催した第4回世界成人教育会議では,世界人権宣言や教育差別撤廃条約の趣旨に沿って学習権宣言を採択した。こうした経緯の中で「生涯学習」が国際的にも使われるようになったものと考える。

b　わが国における生涯学習論の経緯

　生涯学習について述べられるかなり以前から,わが国では生涯教育の理念に関連した中央教育審議会答申が出されている。1966(昭和41)年の中央教育審議会答申「後期中等教育の拡充整備について」では,「学校教育中心の教育観にとらわれて,社会の諸領域における一生を通じての教育という観点を失った

り，学歴という形式的な資格を偏重したりすることをやめなければならない」とされ，すでに生涯教育の理念の重要性が指摘されている。また，1971（昭和46）年の社会教育審議会答申「急激な社会構造の変化に対処する社会教育のあり方について」では，「今日の激しい変化に対処するためにも，また各人の個性や能力を最大限に啓発するためにも」，「生涯にわたる学習の機会をできるだけ多く提供することが必要になっている」とし，「こうした状況に対処するため，生涯教育という観点に立って，教育全体の立場から配慮していく必要がある（下線部は筆者）」と「生涯教育」の言葉が使われている。

「生涯学習」の言葉が使われた1981（昭和56）年の中央教育審議会答申では，「変化の激しい社会にあって，人々は，自己の充実・啓発や生活の向上のため，適切かつ豊かな学習の機会を求めている。これらの学習は，各人が自発性に基づいて行うことを基本とするものであり，必要に応じ，自己に適した手段・方法は，これを自ら選んで，生涯を通じ行うものである。この意味では，これを生涯学習と呼ぶのがふさわしい（下線部は筆者）」とされた。

1984（昭和59）年に総理大臣の諮問機関として設置された臨時教育審議会の第4次答申（1987〈昭和62〉年）では，「生涯学習社会」の建設が重要であるとされている。その理由として，生活水準の上昇や高学歴化，自由時間の増大などを背景として国民の価値観が高度化・多様化していること，自己実現の欲求が高まり個性的かつ多様な生き方を国民が求めていること，情報化や国際化の進展に対応し知識や技術の学習が不可欠になることが挙げられている。

その後，わが国では1988（昭和63）年に文部省機構の改革が行われる中，社会教育局が生涯学習局に改組された。また，1990（平成2）年には，中央教育審議会から答申「生涯学習の基盤整備について」が出され，同年，「生涯学習の振興のための施策の推進体制等の整備に関する法律（以下，生涯学習振興法）」が公布された。「生涯学習振興法」は，国民が生涯にわたって学習する機会があまねく求められている状況にかんがみ，生涯学習の振興のための施策の推進体制および地域における生涯学習に係わる機会の整備を図り，もって生涯学習の振興に寄与することを目的としている（第1条）。

この法律に対して，佐藤一子は，「基本的な準拠法や理念への言及がなくわかりにくい条文となっている」[9]ことを指摘する。また長澤成次は，「教育基

本法との関係が明記されなかったことは重大である」[10]と述べている。また，小川剛は，この法律が「民間事業者」への期待が大きいことを特色としており，リゾート法とは同一の発想にたつことを指摘している。このように，わが国における生涯学習の理念の欠如について指摘する者は少なくない。

d 生涯学習社会を支える社会教育

社会教育との関係で述べれば，鈴木眞理は，「生涯学習振興法」により「事実上，都道府県首長部局による社会教育計画への関与が認められ，首長部局の生涯学習施策への関与は増大した」[11]とし，その結果「社会教育行政の機能的拡張というよりは，社会教育行政としての枠組み自体が突き崩される方向へと推移した」と分析している。社会教育が，生涯学習社会を支える中核として位置づけられるならば，社会教育行政の拡充は，より豊かな生涯学習社会の形成につながるはずである。生涯学習社会の発展のためにも，社会教育のあり方が重要なのである。今，社会教育で求められることは，戦後教育の基本的な価値を再確認し，地域にねざす主体的な教育文化創造の営みの総体をふまえた「生涯学習社会をささえる社会教育」を構築することだといえよう[12]。

学習社会論を提唱したハッチンス（Hutchins, R. M.）は，「人間としてとどまる方法は，学習を続けることである」と考えた。人間性を保つために学習社会が必要であり，それを可能にするために教育が必要であるとしたが，彼の考えるそのための教育とは「人生の本当の価値に関することであり，賢明に，楽しく，より良く生きるために援助すること」[13]であった。わが国においても豊かな生涯学習社会の実現のためには，社会教育の目的，理念が今一度問われなければならない。

引用・参考文献

(1)細谷俊夫他編『新教育学大事典』第3巻　第一法規　1990年
(2)田中耕太郎『教育基本法の理論』有斐閣　1965年
(3) Coombs, P. H. and Ahmed, M. *Attacking Rural Poverty: How Non-formal Education can Help* The John Hopkins University Press　1974
(4)寺中作雄『社会教育法解説——公民館の建設』国土社　1995年
(5)碓井正久編『社会教育』東京大学出版会　1971年

(6)前掲(4)に同じ
(7)窪田眞二・小川友次『教育法規便覧　平成20年度版』2007年
(8) UNESCO *International Committee for the Advancement of Adult Education Continuing Education*　(working paper)　1965.
(9)佐藤一子『生涯学習と社会参加』東京大学出版会　2006年
(10)長澤成次『現代生涯学習と社会教育の自由』学文社　2006年
(11)鈴木眞理編『生涯学習と社会教育』学文社　2003年
(12)前掲(9)に同じ
(13) Hutchins, R. M.　*The Learning Society*　Penguin Books　1968.

11章　諸外国の教育経営・制度

1　アメリカ

a　グローバル・スタンダード

　世界各国の教育経営・制度の様態は，その国の歴史的，政治的，文化的，経済的諸要因によって規定される。社会が学校のあり方を規定し，学校がその社会で生きていく人間を育成する。社会の「理想の人間像」に基づき，社会の付託を受け，計画的，意図的，制度的に子どもの教育に携わるのが学校である。
　さらに現在においては，国際的要因も看過することはできない。グローバリゼーションの進展する中，教育制度にも「グローバル・スタンダード」が徐々に確立され，「国際学力調査」が実施され，「ニューパブリック・マネージメント」に基づいた教育行政が行われ，「学校の自律性の拡大」や「学校選択制の拡大」といった教育経営の形態が，先進国の共通の動向としてみられる。「知識基盤社会」の中，「学力」はどのように定義されるのか，それを保障する学校経営・制度はどういったものなのか。
　ここでは，初等中等教育を中心にアメリカの教育経営と制度を概観することから始めよう。

b　学校制度

　アメリカ合衆国（以下，アメリカとする）は，多様な人種・民族が移民してできた多民族国家であり，連邦制をとっている。合衆国憲法には教育に関する規定はなく，教育に関する権限は各州に委譲されている。各州はそれぞれの憲法および教育法（法律名は多様）を有している。
　特に初等中等教育については，州内に設けられている学区（School district）に行政権限の多くが委ねられている。
　地方分権型教育行政制度をとっているため，義務教育期間や，学校区分には，州によって違いがある。ただし図11－1にあるように，初等中等教育期間は全

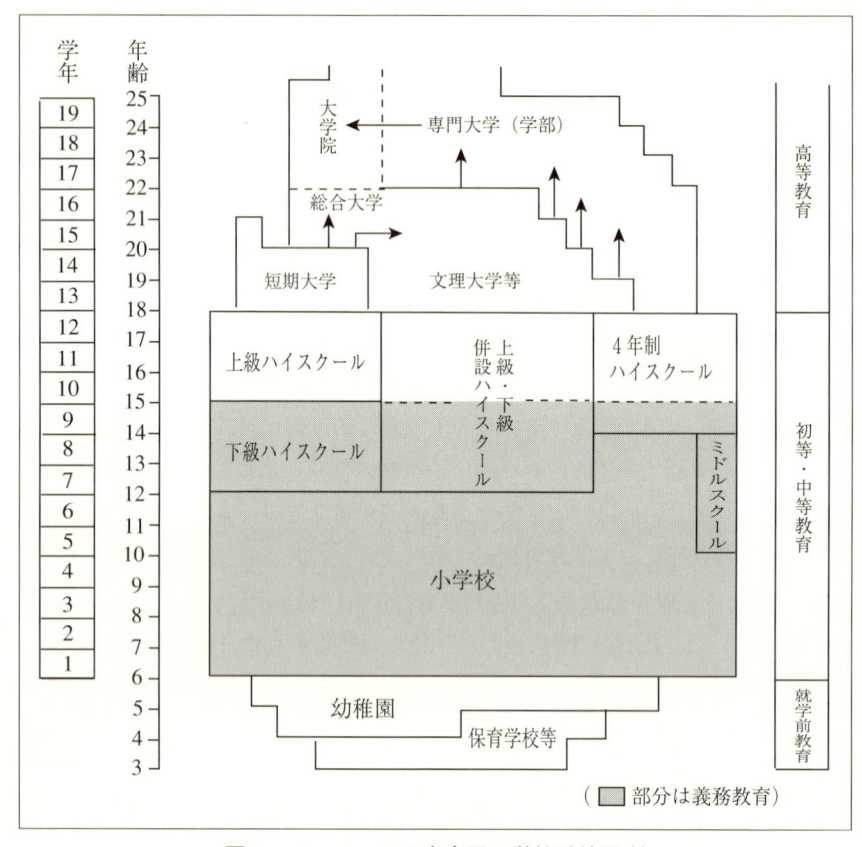

図11－1 アメリカ合衆国の学校系統図 (1)

州で12年間である。学校制度には，伝統的な6－3－3制のほか，8－4制および6－6制がある。現在では5－3－4制，4－4－4制も増加している。

また，小学校の卒業者はすべて中等学校に入学でき，さらに中等学校修了者は，中等学校の種類を問わず高等教育機関へ進学の道が開かれる単線型学校制度である。

第二次世界大戦後のわが国の教育制度が，アメリカにならって整備されたことは述べるに及ばないが，わが国の「6－3－3，12年制単線型教育制度」の原型がここにあることが，今一度確認できよう。加えて，わが国においても現

在，義務教育段階の区分の弾力化や見直しが議論されており，将来的にはアメリカのような4－4－4制の学校なども増えてくるであろう。

c　教育スタンダード

そもそもアメリカでは，多様な国民のニーズに応えるために，学区が柔軟に教育課程を編成してきた。しかしながら，1983年の『危機に立つ国家』でアメリカの教育水準の低さが広く論じられ，また1990年に入り各国の「学力」が測定されると，共通カリキュラムについての論議が始まった。2002年にはブッシュ大統領が，連邦教育改革法「落ちこぼれを作らないための初等中等教育法（No Child Left Behind Act）」[2]を打出した。

現在では，ほとんどの州で教育スタンダードが定められている。学区では教育スタンダードの枠に沿った教育課程を編成し，その教育成果の説明責任を果たすため，州統一学力テストを実施し，その結果を公表している。

d　学校行政制度

教育に関する権限の多くは，地方の教育行政単位である「学区」に委譲されている。学区は特別地方公共団体であり，市町村の一般行政から独立している。

学区の役割には，義務教育の実施，公立初等中等学校の設置・維持・管理，教員採用および人事，就学校の振り分け，通学手段の確保などがある[3]。

学区の教育行政組織として設置されるのが「教育委員会（Board of Education）」である。すべての学区に教育委員会と教育長が置かれている。

アメリカの教育委員会制度を支える理念は，「素人支配（Layman Control）」である。学校教育のあり方を決めるのは，教育の専門家ではなく，住民という素人であるべきという考え方である。

教育委員会の委員数や任命方法は，学区によって異なる。従来は公選制が主であったが，昨今は任命制をとるところが増えている[4]。

e　学校経営組織

公立学校の経営は校長の責任によって行われる。学区行政の仕組みからみると，校長は一般に，教員ではなく，行政職である。フロリダ州教育法によると，

校長の役割は「公立学校における行政担当職員の長として割り当てられた業務を遂行する者で、当該学校の教育活動及び事務的業務を調整し、責任を負う」とされている。

一方で、1990年代以降は、学校教育に対する保護者や地域の関与を促進する動きが活発になっている。校長や教員のほか、保護者や地域住民を含めた学校評議会（School-site Council, Local School Committee 等、名称は多様）が設置されている。学校評議会は、学校経営に関わる事案を審議する合議制の決定機関である。

また、チャーター・スクールの設置を認める州が増加している。チャーター・スクールとは、運営は公費でまかなわれるが、実際の運営は、法令によるものでなく、学区・州と学校間でかわされる契約に基づく公立学校である。チャーター・スクールにおいては、合議制の意思決定機関（地域住民や、親、教員など形態は多様）と、この決定に基づいて運営を行う運営責任者が、学校経営の中心となる[5]。

このように、アメリカの公立学校においては、学校の裁量権が拡大する方向にあるが、これまでは学区と学校の橋渡し的存在であった校長も、その役割の変容に直面することとなる。現在では、その経営能力と合意形成能力がますます問われ、それにともない、校長の資質能力形成研修やプログラム等も開発されている。

2　イギリス

グレート・ブリテンおよび北アイルランド連合王国（以下、イギリスとする）は、イングランド、ウェールズ、スコットランドおよび北アイルランドから構成される。それぞれが教育に関する権限を有しており、特にスコットランドは独自の制度を築いている。本章では、イングランドとウェールズがほぼ同様の学校制度を有していること、また両地域を足した人口がイギリス全体の約9割を占めることから、イングランドの教育経営・制度を概観する。

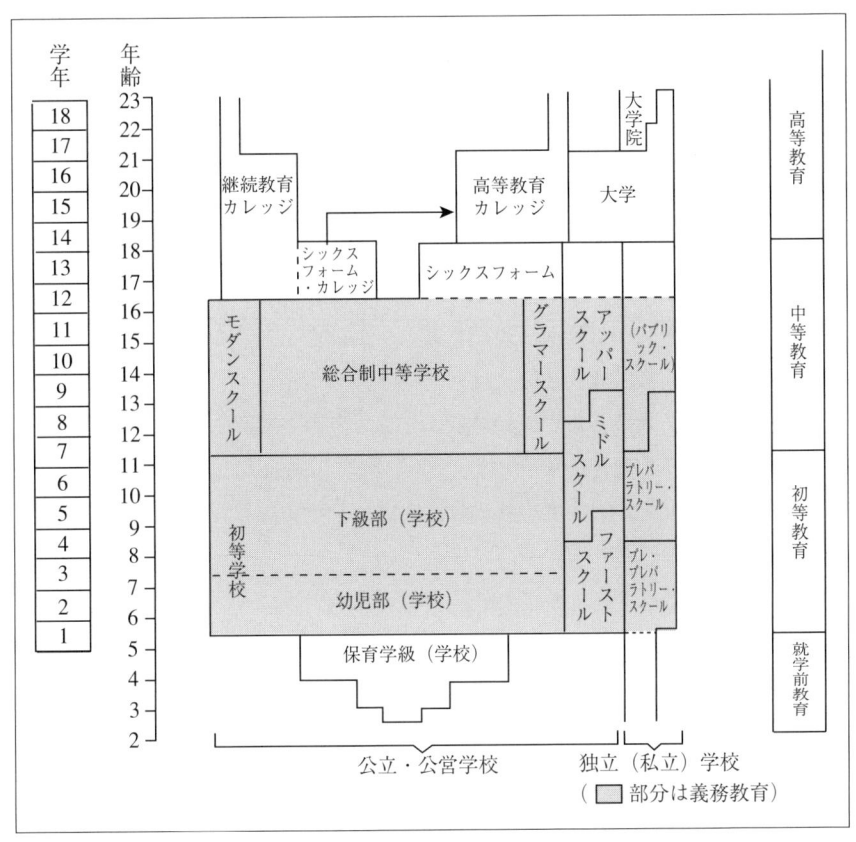

図11-2 イギリスの学校系統図 [6]

a 学校制度

図11-2に示したように、初等教育は5歳から始まり、6年制の初等学校 (primary school) で行われる。中等教育は11歳から18歳の7年間で、義務教育は5歳から16歳までの11年間である。

中等教育学校の一般的な形態は、コンプリヘンシヴスクール (comprehensive school) と呼ばれる総合制中等学校であり、初等学校の修了者を原則無試験で受け入れる。

イギリスではかつて、初等学校の修了時に行われる11歳試験によって、大学

進学を目指すグラマースクール，普通教育を主とするモダン・スクール，および技術系の教科中心のテクニカル・スクールの3種に生徒を振り分ける，分岐型学校制度を採っていた。

しかしながら，早い時期での進路の振り分けは，階層や家庭環境を固定するとして，長年の批判をあびてきた。

それを解消するために，総合制学校すなわちコンプリヘンシヴスクールが設置されることとなった。1960年代以降はその普及が進み，現在では，約90％の生徒がコンプリヘンシヴスクールに在籍している。

さて，イギリスの伝統校といえば，ラグビー校やイートン校などに代表される有名パブリックスクールが思い浮かぶかもしれぬ。これらの学校は，経費負担の観点からは，公費補助を受けない独立学校（independent school）として位置づけられている。2004年度の統計によると，初等中等教育学校の在籍者の内，約7％が独立学校に通っている[7]。

b　教育スタンダード

歴史的にイギリスでは，教育課程は地方教育当局・学校に委ねられてきたが，1988年以降は「全国共通カリキュラム」[8]が導入されている。

ブレア政権下では，基礎学力の向上が優先課題とされ，初等教育段階での「全国読み書き戦略：リテラシーアワー」や，「全国計算戦略」などが導入された。

また，全国共通カリキュラムに沿って，全国学力テストが実施されている。7歳，11歳，14歳の時点で，英語，数学および理科の標準到達者の割合が測ら

表11-1　全国テストで標準到達レベルに達した生徒の割合（％）[9]

	7歳			11歳			14歳		
	英語	算数	理科	英語	数学	理科	英語	数学	理科
1998	80	84	86	65	59	69	65	59	56
2006	−	−	90	79	76	87	72	77	72

れている。表11-1のデータを見る限り，1988年と2006年を比べると，標準レベル到達者の割合は増加している。

c　学校行政制度

イギリスの教育技能省は，国の教育政策の枠組みや方向を定めている。それは，公教育制度全般の統制と指揮，教育に関する基準の設置，財務や教育の質の監督，地方教育当局や学校に対する指導・助言などである。教育技能大臣の他，副大臣2名，政務次官3名が職務にあたっている。

地方には，地方教育当局（Local Education Authority）がおかれている。地方教育当局は，学校を設置・維持し，初等中等教育を提供する直接の責任と権限を有している。

ブレア政権下では，「2006年教育及び監査法案」[10]が出され，地方教育当局の役割と学校裁量の拡大や，学校選択と通学支援，教育水準困難校の支援，新たな中等教育ディプロマの導入，生徒の規律向上，学校監査制度の見直しなどが打出された。

d　学校経営組織

イギリスの学校には，学校経営組織として学校理事会（school governing body）が設けられている。その役割は，人事や財政，教育内容に関して重要な決定を担うことになっている。それは，学校管理規則と理事会規程に基づいて行われる。

学校理事会は，保護者，地方教育当局，教員，地域の代表および校長からなる。理事の構成比は，生徒数を基準とした学校規模によって決まる。

校長と学校理事会の関係は，学校経営にかかわる事案の意思決定をするのが理事会であり，執行機関が校長であると考えられている。それぞれが相補って責任分担するとされている[11]。

さて，上述のように「2006年教育及び監査法案」では，学校裁量の拡大が打出された。そこでは，「学校は，意思決定機関である学校理事会とは別に，外部者からなる支援組織としてトラストを任意に設け，いわゆるトラストスクールとなることができる」[12]とされている。公立校がトラストスクールとなった場合，従来以上の裁量を有することができる。また，トラストの持つ専門性等の支援を学校運営に生かすこともできる。

さらに法案では，学校選択の保障と通学支援を打ち出し，学校は入学に際して能力選抜を行ってはならないことや，貧困家庭の子女の学校選択を保障する観点から，通学費支援を拡大することなどが盛り込まれている。

3　フランス

フランス共和国（以下，フランスとする）は，文化・政治・経済の中心，パリを首都にもつ，伝統的な中央集権の国である。教育に関しても，中央集権的な行政制度が築かれている。

フランスの教育を語る際に忘れてならないことの1つに，ライシテ（公教育の世俗性）の原則があろう。近代公教育の3大原則として，「義務性」「無償性」「世俗性（中立性）」があげられるが，本章で取り上げた4ヵ国のうち，もっとも厳格に「世俗性」の原則を守っているのがフランスである[13]。付言するならば，イギリスとドイツでは，憲法に宗教の時間に関する規定が存在し，宗教の授業が行われている。アメリカの憲法には，そうした規程はないが，忠誠宣言にみられる「神」という文言や，ピューリタン的教育風土は根強く残っている。

a　学校制度

図11-3に示したように，フランスの初等中等教育は，小学校における初等教育5年間，コレージュにおける前期中等教育4年間の後，リセや職業リセにおける後期中等教育で構成されている。後期中等教育進学者の約7割がリセに，約3割が職業リセに進学している。義務教育は6歳から16歳の10年間である。

リセでは修了時に，中等教育修了資格と高等教育入学資格を兼ねる国家資格「バカロレア」取得試験を受験する。職業リセでは，前半2,3年の職業資格取得課程と後半2年の職業バカロレア取得課程に分かれる。

フランスにおいても歴史的には，小学校修了後はコレージュとリセに分かれる分岐型学校制度がとられていた。その後，前期中等教育機関としてコレージュが改革されたが，学力や進路に応じた教育課程を内在するにとどまった。しかし，1970年代半ばには抜本的な改革が行われ，現行の制度である統一コ

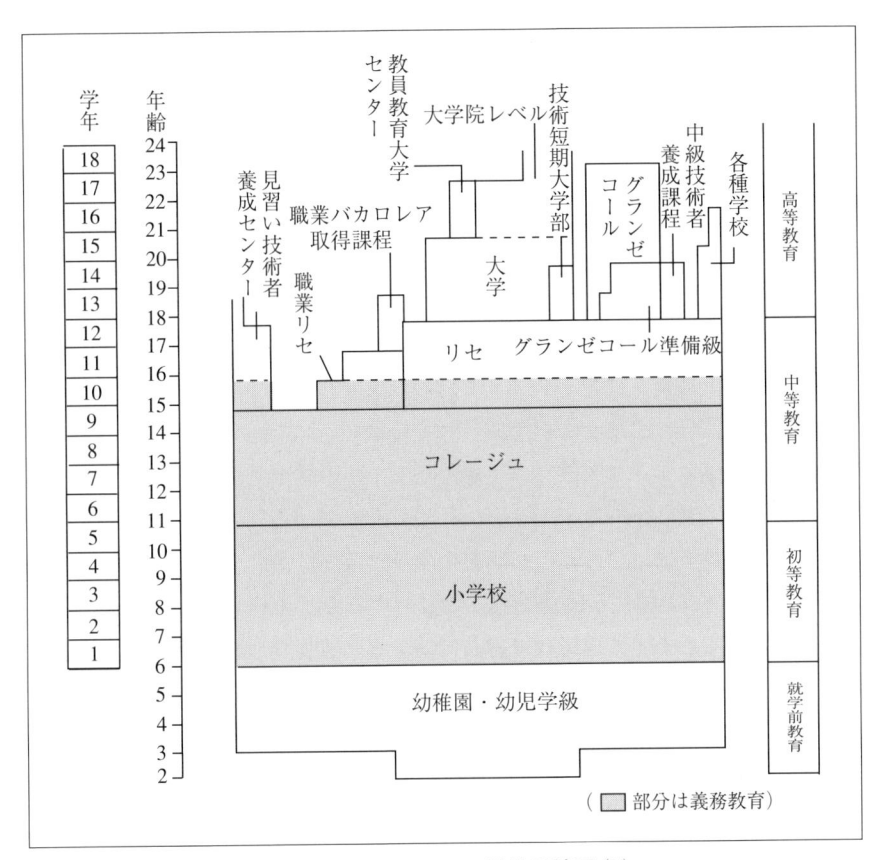

図11－3　フランスの学校系統図[14]

レージュが導入された。かくして，前期中等教育段階までは，単線型学校制度へ移行した。

2005年学校基本計画法（Loi d'orientation et de programme pour l'avenir de l'école．通称「フィヨン法」）では，同一年齢層の100％が最低限の職業資格を，80％がバカロレアを，50％が高等教育修了に至ることを目標としている。

b　教育スタンダード

最新の教育課程は，2005年フィヨン法とそれに基づく政令が基準となってい

る。そこでは，義務教育段階で児童生徒に習得させるべき知識技能が「共通基礎知識技能」として定められた。2006年政令では，具体的に，フランス語の習得，現代外国語，数学の基礎原理および科学的技術的教養，情報通信技術，人文的教養，社会的公民的技能，自律性および自発性，の全7項目が挙げられている。

こうした「共通基礎」は，「社会から疎外されないために義務教育終了時点で全員が習得していなければならない事項」とされている。それらは，現代における基本的な「知識」と，知識をさまざまな状況において活用するための「技術・能力」，技術・能力を発揮するための探究心や好奇心，創造性や自己と他者の尊重などの「態度」から構成されている[15]。

また，小学校3年，コレージュ1年，リセ1年の時点では，国民教育省により，全国学力調査（évaluation nationale）が行われている。

さらに，成績不振児のための短期集中的な学習支援プログラム「教育成功個別プログラム（PPRE）」が実施されることとなった。それは，次のように取り決められている。まず，国民教育省が提供する全国共通の学力診断テストや日常の観察などによって，該当児童生徒がいることを早期に発見する。校長は該当児童の保護者および生徒との間で，教育成功個別プログラムの実施のための合意文書を交わす。そこには，児童生徒の学力状況，目標，支援内容などが記載される。実施者は，担任教員が中心となるが，生徒指導補助員や特別支援教育教員などの協力を得ることも可能であるとされている。

フランスやドイツなど，移民の増加している国では，学力水準の低下と成績不振児の指導の困難さ，およびそうした子どもが集まる学校の荒廃が深刻化している。こうした状況はアメリカやイギリスでも同様である。そうした中で，フランス政府が打出した「個別プログラム」がどのような成果を出すのか注目される。

c　学校行政制度

フランスは伝統的な中央集権の国であり，教育に関しても，中央集権的な行政制度が築かれている。中央に置かれる国民教育省（Ministère de l'Éducation nationale）は，初等中等教育について，教育課程基準，学校の修了証や職業免

許状交付の条件，教員の採用・人事，予算などの詳細を取り決めている。

地方教育行政は，大学区から成り立っている。大学区は「地方公共団体」に対応する行政組織で，1つあるいは2つ以上の県から構成されている。文部大臣が大学区長を任命し，大学区長は，当該大学区の初等・中等・高等教育全般に責任を負う。大学区視学官は，大学区長の監督下にあり，県担当視学官を管轄においている[16]。地方における中央のいわゆる「出先」機関が，教育活動の運営，視察，教育課程の編成を監督，指示，支援している。地方独自の担当業務は，物的な条件整備が主である。

d 学校経営組織

既述のように，中央集権的な教育行政が敷かれてはいるが，保護者や児童生徒の学校経営への参加も保障されている。

その機関は，小学校では学校評議会である。学校評議会は，校長（議長を務める），教員，国民教育視学官，市町村長，市町村議会議員，地域住民，保護者等で構成される。学校評議会では，予算執行や，保健安全，課外活動，時間割編成などが審議・決定される。

コレージュおよびリセには管理評議会が設置されている。管理評議会では，学校評議会での事案に加えて，たとえば会計報告，選択教科の設置，教材の選定，保護者への情報提供などが審議・決議される。決定事項については，校長はこれを執行する。管理評議会の構成員は小学校と同様であり，それぞれの内訳人数は学校規模によって異なってくる[17]。

さて，伝統的にフランスでは学校は通学区により決められているが，サルコジ大統領は，それに対して学区の廃止を唱え，公立学校選択制の導入案を打出している。わが国においても，学校選択制の導入が議論されているが，中央集権的な教育行政を敷いてきたフランスで，この導入がどのように進むのか注目したい。

4 ドイツ

ドイツ連邦共和国（以下，ドイツとする）は，16の州からなる連邦国家であ

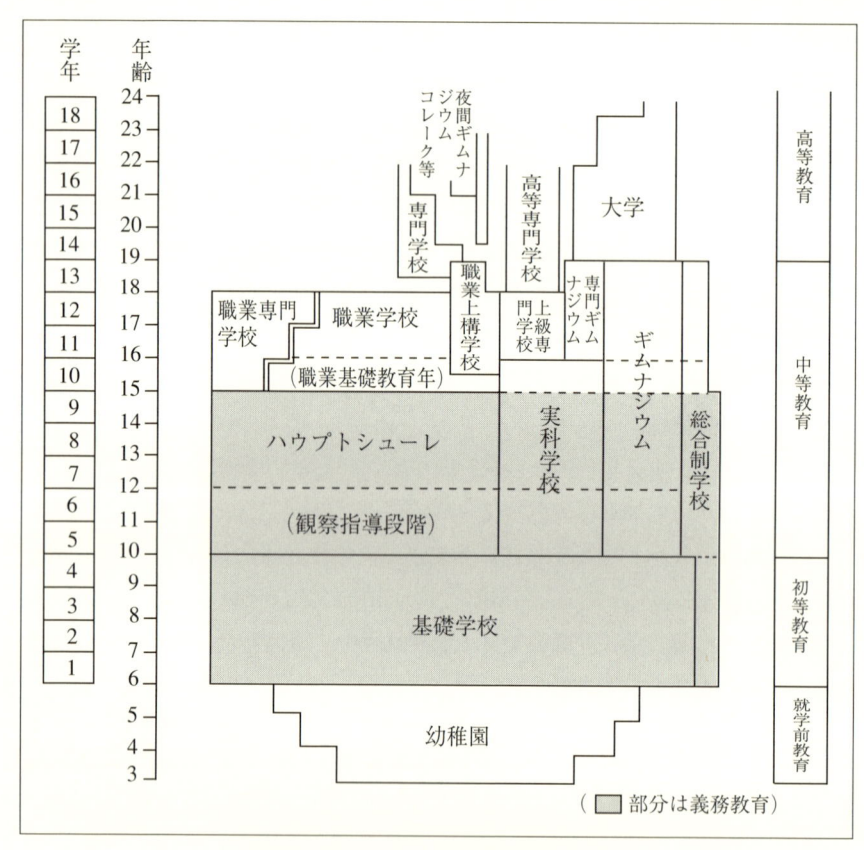

図11-4　ドイツの学校系統図 [18]

　る。連邦憲法に相当する基本法には教育についての具体的な取り決めはなく，教育や学術，文化に関しては州が権限を持っている。各州が州憲法，州学校法を制定し，各州の文部省（名称は多様）が教育行政を執り行っている。
　国内の教育制度をある程度統一するために，各州の文部大臣からなる各州文部大臣会議が設置されている。その勧告には，法的拘束力はないが，各州の教育政策を調整したり，資格の相互認定や資格試験科目などが取り決められている。

a 学校制度

したがってドイツでは，各州によって教育制度が多様であり，学校種もそれぞれの学校の名称も多様である。ただし，すべての児童が通う4年制（一部6年制の州もある）の基礎学校（小学校）があり，その後はアビトゥアとよばれる大学進学資格を兼ねた高校卒業資格取得を念頭にしたギムナジウムと，職業教育学校進学や中級職業に就くことを念頭にした実科学校と，早期に職業訓練の道に進むことを念頭にした基幹学校に分かれて進学する。こうした3分岐型が伝統的であるが，現在では，基幹学校と実科学校を統合した学校種（中間学校，中等学校，など名称は多様）の他，3種の教育課程を1つの学校内に持つ総合制学校もある。

ヨーロッパの教育制度史は，階層社会を反映していた分岐型学校制度から，「より平等に門戸の開かれた」単線型学校制度へと移行してきた。本章の4ヵ国をみるとその進展具合が浮かび上がる。古い「貴族社会」をもたないアメリカでは単線型の教育制度が成立している。イギリスでは，伝統的な上流エリート校であるパブリックスクールや一部のグラマースクールを除けば，後期中等教育段階（初等学校，コンプリヘンシヴスクール）までが単線型へ移行した。フランスでは，前期中等教育段階（小学校，コレージュ）までは，単線型へ移行した。ドイツでは1960年代に総合制中等学校を導入したが，拡大せず，現在も分岐型学校制度のままである。

それに対し，2006年に国連人権委員会の調査が入り，教育制度における機会の保障に疑問が呈された。しかしドイツでは反論が相次ぎ，教育制度そのものが改革される見通しはない。とはいえ，移民子弟などの割合が高い基幹学校の荒廃の度は増す一方である。その対策として，全日制学校の増設，ドイツ語の補習などに予算が割かれてはいるが，根深い問題は残ったままである。

b 教育スタンダード

ドイツでは，各州が教育課程の基準（Lehrplan, Richtlinie など名称は多様）を設定している。教科書は認可制を取っており，この教育課程基準に沿っているかが，各州の文部省にて審査される。

歴史的に，全国共通の教育課程基準は存在しなかったが，国際学力調査の結

果を受け，2000年以降議論が一気に加速し，全国共通の教育スタンダードの開発が進められた。2004年までに，基礎学校4年（初等教育の最終学年）のドイツ語および算数，基幹学校実科学校9年（義務教育修了資格）のドイツ語，数学，第1外国語，実科学校10年（中等修了資格）のドイツ語，数学，第1外国語，生物，科学，物理の教育スタンダードが，各州文部大臣会議で決議された[19]。さらにギムナジウム12年あるいは13年に対しては，全国共通のアビトゥア基準が示されている。

教育スタンダードは2005年度から開始され，各該当段階ではその到達度を測る学力テストが実施されている。

c　学校行政制度

連邦制のもと各州に文部省が設置され，教育関連法規を整備している。

初等中等教育について，州は，政策，制度，教育課程の基準を定めている。たとえば，就学年齢，義務教育年限，教育目標，教育課程基準，教科書の認可，教員養成と研修，公立学校の教員採用と人事などである。それに基づいて地方に配置した視学を通じて学校を監督指導する。

地方は州の出先機関としての役割と，地方行政機関としての役割の両方を担う。

d　学校経営組織

1973年のドイツ教育審議会の教育委員会による勧告により，保護者や生徒の学校運営への参加が加速的に法制化された。勧告は「教育制度における組織と管理の改革について」であり，その第1部が，「学校の自律性の強化と教員，生徒及び保護者の参加」であった[20]。つまり，学校の自律性を強化すること，教員，生徒，保護者が学校経営に参加できることが求められた。

その機関は学校会議（Schulkonferenz）や学校委員会（Schulausschuss）（名称は多様）と呼ばれている。学校会議は合議制をとり，時間割，教科書の選定，課外活動，宿題，授業方針，評価基準などを審議・決定する。

学校会議の構成員は，教員，保護者，生徒（第7学年以上）で，校長は議長を務める。メンバーの構成比は学校規模に応じて規定されている。

5　現代的動向と課題

　以上，アメリカ，イギリス，フランス，ドイツの主要4ヵ国の学校について，学校制度，教育スタンダード，学校行政，学校経営の項目を立て，その概要を見てきた。それぞれの国は特徴を持った教育制度を有しているが，その中で，現在の教育課題が浮かび上がってきた。

　1つは，義務教育での学力保障をいかに行うべきかについて，各国が悩み模索している姿である。アメリカでは州毎の，イギリス，フランス，ドイツでは全国的な教育スタンダードができ，それをもとに学力テストが行われるようになった。と同時に，学力の保障には，特に教育困難児童生徒に対する特別な対応が必要であると考えられていることにも共通性がみられた。

　もう1つは，学校の自律性の拡大と，保護者・地域・教員・（生徒）の参加を可能とする学校経営形態の拡大である。アメリカのチャーター・スクールやイギリスのトラストスクールなどがその例であり，わが国にも一部導入されている。

　さらに学校選択制についても，その状況はさまざまであるが，共通の事案としてみえてきた。これらの事例は，わが国の教育経営・制度に関する問題を考えるためにも有益な材料となろう。

引用・参考文献
(1) 文部科学省『教育指標の国際比較　平成20年度版』2008年　65頁
(2) www.whitehouse.gov/news/releases/2007/03/20070302-7.html
(3) 文部省『諸外国の教育行財政制度』2000年
(4) 青木薫『アメリカの教育指導と教育行政』ぎょうせい　1979年
(5) 河野和清『現代アメリカ教育行政の研究──行動科学的教育行政学の特質と課題』
　　多賀出版　1995年
(6) 文部科学省　2008年　67頁
(7) Department for education and skills, *Statistics of Education: Schools in England 2004*, Table3, p.20.
(8) curriculum.qca.org.uk/
(9) 文部科学省『諸外国の教育の動き2006』2007　44頁を筆者が簡素化。

(10) www.dcsf.gov.uk/publications/educationandinspectionsbill/
(11) 大田直子『イギリス教育行政制度成立史――パートナーシップ原理の誕生』東京大学出版会　1992年
(12) www.dcsf.gov.uk/publications/educationandinspectionsbill/
(13) 近年では，イスラム教徒が学校にスカーフを着用してくることの可否が問題となっている。
(14) 文部科学省　2008年　69頁
(15) 学習指導要領は幼稚園，および小学校が2008年に改訂されているが，コレージュは1995年，リセが1999年からまだ改訂されていない。しかしこの「共通基礎知識技能」に関しては，次の冊子が市販されている。Ministère Éducation nationale. *Qu'apprend-on à l'élécole élé-mentaire? : 2005- 2006 les programmes (Broché)*, *Ecole éléentaire: Les nouveaux programmes (Broché)*, *Ecole et collège: tout ce que nos enfants doivent savoir: Le socle commun de connaissances et de compétences (Broché)*.
(16) 吉田正晴『フランス公教育政策の源流』風間書房　1977年
(17) 文部科学省　2000年
(18) 文部科学省　2008年　71頁
(19) www.kmk.org/schul/Bildungsstandards/bildungsstandards-neu.htm
(20) Deutscher Beildungsrat, Bildungskommission: *Zur Reform von Organisation und Verwaltung im Bildungswesen*, Teil I, *Verstärkte Selbständigkeit der Schule und Partizipation der Lehrer, Schüler und Eltern*, Bonn, 1983, S.15. 天野正治『現代ドイツの教育』学事出版　1978年，結城忠『学校教育における親の権利』海鳴社 1994年，柳澤良明『ドイツ学校経営の研究――合議制学校経営と校長の役割変容』亜紀書房　1996年

12章　教育経営・制度の現代的課題

1　学校と家庭・地域の連携

a　学校経営参加と教育参加

　教育経営・制度の現代的課題として，本章では第1に学校と家庭・地域の連携，第2に教育の私事化を取り上げる。まず，学校と家庭・地域の連携である。

　学校と家庭・地域との関係は，近年，さまざまな観点から重視されてきている。学校からの情報公開や説明責任の遂行という観点からだけではなく，実質的に学校と家庭・地域の連携が深まることで，学校教育の質が高まることが実感されつつあるためである。場合により，複雑な課題を抱えていることも事実である。しかし，子どもたちのために保護者や地域住民が学校教育への関心を高め，それぞれのスタイルで関わりを持つようになることで，学校教育は新たな局面を迎え始めている。

　これを学校参加という観点から見れば，大きく2つの領域に大別できる。1つは学校経営参加であり，もう1つは教育参加である。前者については国レベルでの制度改革がなされてきている。学校評議員制度と学校運営協議会制度である。さらには原理の異なる取り組みとして，いわゆる三者協議会や学校協議会を設けている学校も見られる。このように，学校と家庭・地域とを経営レベルでつなぐ制度や取り組みが前者である。

　また後者の教育参加としては，学校支援ボランティア，学校支援地域本部などの取り組みが挙げられる。これらはまだ制度化されているわけではない。しかし，実質的に学校教育を支える重要な力となりつつある。

　他方，こうした関係の深まりとは別に，学校に対する保護者や地域住民からの苦情が増加している。その中には，理不尽な要求もあり，教職員の多忙化を促進させるだけではなく，教職員の精神的疲労を増大させる要因となっている。こうした中で，学校側には毅然とした対応が迫られるとともに，苦情や理不尽な要求に対する取り組みも始められている。

本節では,これらのしくみや現状について順次,取り上げていく。

b　学校評議員制度——学校経営参加 I

学校評議員制度は,中央教育審議会答申「今後の地方教育行政の在り方について」(1998〈平成10〉年9月21日)に基づいて,2000(平成12)年4月の「学校教育法施行規則」の改正により導入された。改正の趣旨としては,「学校が地域住民の信頼に応え,家庭や地域と連携協力して一体となって子どもの健やかな成長を図っていくためには,今後,よりいっそう地域に開かれた学校づくりを推進していく必要がある。こうした開かれた学校づくりをいっそう推進していくため,保護者や地域住民等の意向を把握・反映し,その協力を得るとともに,学校運営の状況等を周知するなど学校としての説明責任を果たしていく観点から,省令において新たに規定を設け,学校や地域の実情等に応じて,その設置者の判断により,学校に学校評議員を置くことができるとするものである」(事務次官通知,2000〈平成12〉年1月21日)とされている。

学校評議員は任意設置であるが,設置する学校は年ごとに増加し,すでに大半の学校・園において設置されている。2006(平成18)年8月現在の文部科学省の調査によると,幼稚園では35.5%,小学校では88.2%,中学校では88.5%,高等学校では92.4%,盲・聾・養護学校では94.0%に設置されている。

学校評議員に求められる要件として,「学校評議員は,当該小学校の職員以外の者で教育に関する理解および識見を有するもののうちから,校長の推薦により,当該小学校の設置者が委嘱する」(学校教育法施行規則,第23条の3,第3項)とされている。なお,学校評議員の人数は自由に規定することができる。実施には,公立学校では「4人以上7人未満」がもっとも多く,64.8%となっている。また職種では,公立学校では「自治会等関係者」が17.7%,「社会福祉施設・団体関係者」が16.0%,「保護者」が15.6%,「社会教育団体関係者」が14.9%となっている。

学校評議員の活動内容としては,「地域との連携協力」(87.6%),「学校評価」(82.2%),「学校の危機管理・児童生徒の安全管理」(80.9%),「学校の基本的な目標方針の決定」(79.5%),「生徒指導・進路指導」(69.1%)などが上位に挙げられている。

学校評議員制度において,「学校評議員は,校長の求めに応じ,学校運営に関し意見を述べることができる」(学校教育法施行規則,第23条の3,第2項)と規定されているように,学校評議員からどのような意見を出してもらうか,あるいは学校評議員から出された情報や提案をどのように学校教育に活かしていくのかは,すべて校長の判断に任されている。このように学校評議員制度は,校長の判断による余地がきわめて大きい制度であり,その意味では校長にとって自由度の高い制度である。学校教育目標や特色ある学校づくりにシフトした学校評議員の人選により,成果を挙げることが可能である。

c コミュニティー・スクール(学校運営協議会制度)——学校経営参加Ⅱ

コミュニティー・スクール(学校運営協議会制度)は,2004(平成16)年6月の「地方教育行政の組織及び運営に関する法律」の改正により導入された。2008(平成20)年4月現在の文部科学省の調査によると,全国で343校がコミュニティー・スクールとなっている。このうち,幼稚園は17園,小学校は243校,中学校は76校,高等学校は3校,特別支援学校は4校である。コミュニティー・スクールを指定している教育委員会は,都道府県別では29都府県,学校設置者別では2県63市区町村となっている。コミュニティー・スクールの導入を計画している学校も数多く,今後もさらに拡大していくことが見込まれる。

改正の趣旨としては,「公立学校の運営についての地域の住民や保護者等の意向等が多様化,高度化している状況に的確に対応し,公立学校教育に対する国民の信頼に応えていくためには,地域の住民や保護者のニーズを学校運営により一層的確に反映させる仕組みの導入が必要である。このため,校長と地域の住民,保護者が,共同して学校づくりを行うとともに,より透明で開かれた学校運営を進め,地域に信頼される学校づくりを実現する観点から,各教育委員会の判断により,地域の住民や保護者が一定の権限を持って学校運営に参画する合議制の機関として学校運営協議会を設置することを可能にするものである」(事務次官通知,2004〈平成16〉年6月24日)とされている。

コミュニティー・スクールは学校評議員制度と大きく異なる点がある。第1に,学校評議員制度では学校評議員が個人としての立場で学校運営に関して意見を述べるのに対して,学校運営協議会では委員が合議制の機関として学校運

営に関与するという点である。第2に，学校評議員制度では学校評議員にいっさい権限が付与されていなかったのに対して，学校運営協議会では一定の権限が付与されているという点である。その権限は「地方教育行政の組織及び運営に関する法律」の第47条の5に次の3点が規定されている。第1に学校運営に関する基本的な方針の承認（第3項），第2に運営に関する意見の申し出（第4項），第3に教職員の任用に関する意見（第5項）である。

d 新たな学校経営参加の模索——学校経営参加Ⅲ

学校評議員制度や学校運営協議会制度とは原理の異なる学校経営参加の取り組みも見られる。これは一般に，三者協議会や学校協議会と呼ばれる取り組みである。学校評議員制度や学校運営協議会が地域連携をめざした学校参加であるのに対して，三者協議会や学校協議会に属する意思形成の取り組みは学校内での意思形成をめざした学校参加である[1]。これらの取り組みは，おもに高等学校を中心とした生徒参加を含めた意思形成の取り組みである。

たとえば，香川県立志度高等学校では，2005（平成17）年2月から志度高校学校会議を実施している[2]。各学期に1回ずつ年3回，教職員代表，生徒代表，保護者代表が集まり，学校のさまざまな事柄について合意形成を図る取り組みである。その目的は，「①生徒・保護者・教職員が主体的に関わることによって為される，より魅力的な学校作り，②生徒・保護者・教職員の信頼関係の構築，③生徒の自主性と自律性の育成，④自らの考えを根拠をもって説明できる生徒の育成，⑤生徒活動の活性化」[3]の5点である。志度高校学校会議では，単に校則に関する事柄に止まらず，学校ビジョンや学校の施設・設備に関する事柄についても話し合われ，合意形成が進められている。

他方，同様の取り組みを県レベルで大規模に取り組んでいるのが高知県である。高知県では，1997（平成9）年度から始められた「土佐の教育改革」の一環として「開かれた学校づくり推進委員会」が提起され，県内すべての公立小，中，高等学校に設置が呼びかけられた。この「開かれた学校づくり推進委員会」では，教職員や保護者の代表だけでなく，児童・生徒の代表も委員となることができる。

e　学校支援ボランティア——教育参加Ⅰ

次に教育参加の取り組みである学校支援ボランティアについてである。

学校支援ボランティアとは，保護者や地域住民が学校のさまざまな活動にボランティアとして参加する取り組みである。1996（平成8）年7月に公表された第15期中央教育審議会第1次答申の中で「開かれた学校づくり」の具体的な方法の1つとして「学校ボランティア」が提起された。その後，1997（平成9）年1月に出された文部省の「教育改革プログラム」の中で「学校支援ボランティア活動の推進」として取り上げられ，「学校の教育活動について地域の教育力を生かすため，保護者，地域人材や団体，企業等がボランティアとして学校をサポートする活動（学校支援ボランティア活動）を推進する」とされた。その後，各地で多様な学校支援ボランティアの取り組みが進められている。

他方，生涯学習の観点からも，学校支援ボランティアの重要性が指摘されている。1999（平成11）年6月に公表された生涯学習審議会答申では，「地域社会の重要な核である学校を，地域に支えられ，また地域に貢献するという『地域に根ざした学校』にするためには，学校をより開かれた存在にするとともに，地域住民による多様な学校支援ボランティア活動の充実が重要である」とされている。

佐藤晴雄は，学校支援ボランティアを活動形態により，次の4つのタイプに分類している（図12-1）[4]。第1にゲストティーチャー型，第2に学習アシスタント型，第3に施設メンテナー型，第4に環境サポーター型である。佐藤は「指導的場面から徐々に周辺的業務の支援へとその活動範囲を拡大させてきた」[5]とし，学習支援ボランティアの活動が①③から②④へと拡大してきていることを指摘している。

f　学校支援地域本部——教育参加Ⅱ

文部科学省は，学校と地域の連携体制の構築を図り，地域全体で学校教育を支援する体制づくりのために，2008（平成20）年度から「学校支援地域本部（仮称）事業」を開始した。これは4年間で全中学校区（1万校区）に「学校支援地域本部（仮称）」を設置するというものである。

2008（平成20）年度には，都道府県・政令指定都市64地域において，行政関

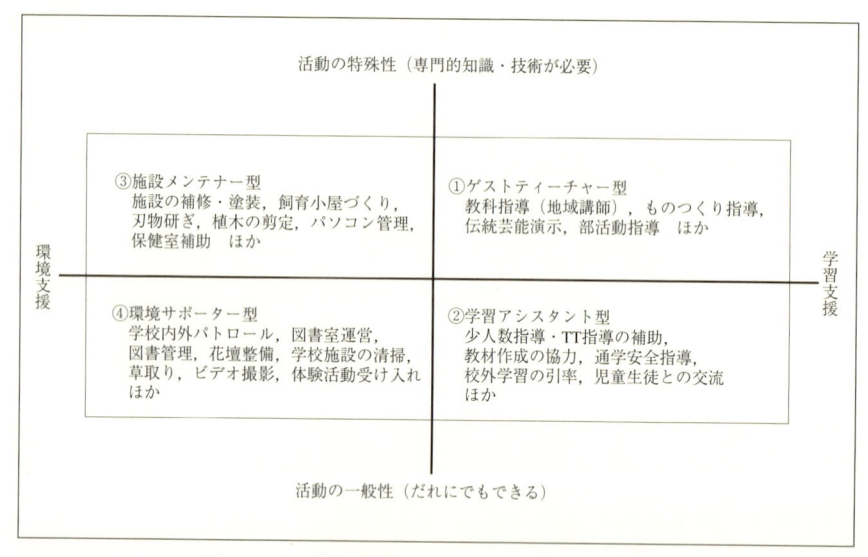

```
              活動の特殊性（専門的知識・技術が必要）

    ③施設メンテナー型              ①ゲストティーチャー型
      施設の補修・塗装，飼育小屋づくり，   教科指導（地域講師），ものつくり指導，
      刃物研ぎ，植木の剪定，パソコン管理，  伝統芸能演示，部活動指導　ほか
      保健室補助　ほか

環境                                                    学習
支援 ─────────────────────────────────── 支援

    ④環境サポーター型              ②学習アシスタント型
      学校内外パトロール，図書室運営，    少人数指導・TT指導の補助，
      図書管理，花壇整備，学校施設の清掃，  教材作成の協力，通学安全指導，
      草取り，ビデオ撮影，体験活動受け入れ  校外学習の引率，児童生徒との交流
      ほか                            ほか

              活動の一般性（だれにでもできる）
```

図12－1　学校支援ボランティアの4タイプ [6]

係者，学校教育関係者，PTA関係者，自治会等関係者などで構成する運営協議会を設置し，域内市町村における事業内容の検討，広報活動，事業実施後の検証等を行う。さらに1800市町村に，行政関係者，学校関係者，PTA関係者，自治会関係者などで構成する実行委員会を設置し，域内の中学校区で学校支援地域本部を設置するにあたり地域コーディネーターおよび学校支援ボランティアを養成，域内の学校支援地域本部（仮称）事業の事業評価を行う。その上で，学校と地域との連携体制を構築するため，2500校区に「学校支援地域本部（仮称）」を設置し，学校支援ボランティアが支援する事業（学習支援活動，部活動指導，登下校安全確保，学校・地域との合同行事の開催）を実施する。この「学校支援地域本部（仮称）」に，学校長，教職員，PTA関係者，公民館長，自治会等関係者で構成する地域教育協議会を置き，人材バンクの作成，学校支援事業の企画立案をするとともに，地域コーディネーターが学校と学校支援ボランティアのコーディネートを行う。

　こうした取り組みが始められた背景の1つは，学校と家庭・地域の連携がより重要度を増す一方，地域の教育力は低下していると認識されていることに基

づいている。文部科学省の委託調査として日本総合研究所が2006（平成18）年におこなった「地域の教育力に関する実態調査」によると、「あなたの住んでおられる地域では、『地域の教育力』はご自身の子ども時代と比べてどのような状態にあると思われますか」という問いに対して「以前に比べて低下している」と回答した保護者は55.6％に達していた。これをさらに地域ごとに見てみると、大都市では55.5％、中都市では57.9％、町村では49.2％となっており、どの地域においてもほぼ平均的に地域の教育力が低下していると保護者が認識していることがわかる。

g 保護者等からの苦情への対応

近年、学校に対する保護者、地域住民からの苦情が増加しており、教職員はその対応に追われている。小野田正利は、保護者、地域住民からの要求を次のような3つのタイプに分類している。第1に要望、第2に苦情、第3にイチャモン（無理難題要求）である[7]。

こうした状況の中で教育再生会議は、2007（平成19）年6月に出された第2次報告の中で「学校問題解決支援チーム」の創設を提起している。同報告書の中では、「教育委員会は、『学校問題解決支援チーム（仮称）』を設け、学校において、様々な課題を抱える子供への対処や保護者との意思疎通の問題等が生じている場合、関係機関の連携の下に問題解決に当たる。チームには、指導主事、法務教官、大学教員、弁護士、臨床心理士・精神科医、福祉司、警察官（OB）などの専門家の参加を求める」とされている。

すでに京都市教育委員会では、2007（平成19）年8月に「学校問題解決支援チーム」を導入している。「平成20年度京都市教育委員会政策等推進方針」によると、「学校や保護者への直接指導・支援に当たるなど、問題解決を目指すとともに、関係機関との十分な連携を図り、排除するのではなく学校と保護者との関係を改善し、子どもたちの学びと育ちを保障する実践を進める」という目的のもとに、「学校問題解決支援チーム」が設置されている[8]。

この他にも、さまざまな取り組みが見られる。東京都港区では、学校が弁護士に助言を受けられる「学校法律相談事業」を始めている。福岡市では、保護者と学校間のトラブルについて両者からの相談を受け付ける「学校保護者相談

室」が設置されている。岩手県教育委員会は，保護者からの苦情に対応するために『苦情等対応マニュアル（学校版）』を作成している。この中では，「苦情等は貴重な情報源であるとともに，学校や教職員に対する大きな期待の表れとも言うことができます。しかし，様々な苦情等に適切に対応していくためには，教職員個人の力だけでは対応できない状況も想定され，私たち教職員は個人だけではなく，組織として対応していく必要があります」とされている[9]。大阪市では，新任教員に対して保護者との良好な関係づくりに向けた研修を実施している。

こうした中で文部科学省では，2008（平成20）年度から「教員の勤務負担軽減に関する調査研究事業」に取り組んでおり，この事業には教員の勤務負担軽減に資する取り組みとして，保護者や地域住民からの学校への多種多様な要望等に対する学校，教育委員会の対応の検証が含まれている。

2　教育の私事化

a　学校選択制

学校と家庭・地域の連携につづいて取り上げるのは教育の私事化である。近年，さまざまな形で教育の私事化が進展している。とりわけ，以下に示す一連の教育制度改革は，教育の私事化の要素を有している。

第1に学校選択制の導入である。1987（昭和62）年4月の臨時教育審議会による「教育改革に関する第3次答申」の中で提起されたものの，この時には実現しなかった。しかし，1996（平成8）年12月に出された行政委員会の「規制緩和の推進に関する意見（第2次）」において学校選択の弾力化が提起されたことから，1997（平成9）年1月に初等中等教育局長通知「通学区域制度の弾力的運用について」により，通学区域制度の運用に当たっては，地域の実情に即し，保護者の意向に十分配慮した多様な工夫を行うよう通知した。

その後，2003（平成15）年3月には「学校教育法施行規則」の一部改正が行われ，第32条第1項において「就学校の指定の際，あらかじめ保護者の意見を聴取できること，その際の手続き等を公表すること」が規定された。

なお，学校選択制には，当該市町村内のすべての学校のうち，希望する学校

に就学を認める「自由選択制」，当該市町村内をブロックに分け，そのブロック内の希望する学校に就学を認める「ブロック選択制」，従来の通学区域は残したままで，隣接する区域内の希望する学校に就学を認める「隣接区域選択制」，従来の通学区域は残したままで，特定の学校について，通学区域に関係なく，当該市町村のどこからでも就学を認める「特認校制」，従来の通学区域は残したままで，特定の地域に居住する者について，学校選択を認める「特定地域選択制」などがある。

2006（平成18）年5月現在の文部科学省による学校選択制の実施状況に関する調査では，入学時に学校選択制を導入している自治体は，小学校では240自治体（14.2%），中学校では185自治体（13.9%）となっている。

学校選択制の実施方法により異なるものの，学校選択制の導入によって危惧されるのは，学校と地域との結びつきがいっそう希薄化するのではないかということである。すでに学校選択制の見直しを進めている自治体も出てきている。学校と家庭・地域の連携の重要性が増している中で，学校選択制のあり方が問い直されなければならない。

b 民間人校長・民間人教頭

第2に民間人校長・民間人教頭の導入である。「教育に関する職に就いている経験や組織運営に関する経験，能力に着目して，幅広く人材を確保する観点から，任用資格と選考の在り方を見直す」とした，1998（平成10）年9月の中央教育審議会答申「今後の地方教育行政の在り方について」をふまえ，校長に関しては2000（平成12）年4月から，教員免許状を持っておらず，「学校教育法施行規則」第8条に規定する「教育に関する職」に就いたことがない者の登用が可能となっている。また，2006（平成18）年4月からは教頭についても同様の資格要件が緩和されている。こうして，教員出身でない民間人校長，および教員出身でない民間人教頭が誕生している。

文部科学省の調査によると，2007（平成19）年4月1日現在，公立学校への民間人校長の任用者数は43都道府県市，102名である。公立学校への民間人教頭の任用者数は9府県，20名となっている。

なお，民間人校長の中には，独自の改革を進めている校長も見られる。注目

されたところでは，東京都杉並区立和田中学校の藤原和博が挙げられる。藤原は，自らが独自に開発した教科である「[よのなか]科」，学校支援ボランティアが学校の教育活動を支援するために組織された「地域本部」，土曜日の学校活用である「土曜日寺子屋」(ドテラ) など，次々と新しい取り組みを進め，公立学校における学校経営に新風を吹き込んだ。

しかし，民間人校長・民間人教頭の制度は，校長や教頭の個人的な資質や力量に左右される部分が大きく，課題も残されている。かつて，広島県での民間人校長の自殺事件を契機として，安易な民間人校長の登用が批判されるとともに，研修制度のあり方が問われた。その後，各教育委員会において研修制度が整備されてきているものの，必ずしもすべての民間人校長，民間人教頭が成果を上げているわけではない。学校現場の実状を把握するまでに時間を要することもあり，いっそうの選考方法や研修の改善，充実が求められる。

c 株式会社による学校設置

第3に株式会社による学校設置である。2002 (平成14) 年12月18日に「構造改革特別区域法」が成立し，構造改革特区が創設されることになった。この中で，文部科学省が関係省庁となる教育分野での特区 (教育特区) の申請は導入当初から比較的多く見られる。たとえば，「学習指導要領によらず，実験的に教育課程を編成・実施することを可能にする」教育特区，「市町村教育委員会がその市町村においてのみ効力を有する特別免許状を授与することを可能とする」教育特区，「不登校児童生徒やLD (学習障害)，ADHD (注意欠陥／多動性障害) といった教育上特別に配慮を要する児童等に対する教育に実績のあるNPO法人が学校を設置することを可能とする」教育特区，「インターネットのみを利用して授業を行う大学の設置に当たって，大学設置基準等の校舎等施設基準によらないことを可能とする」教育特区などのカテゴリーがある。

その中でも，教育の私事化の観点から注目されるのが，「株式会社が学校を設置することを可能とする」教育特区である。この例としては，東京都千代田区「キャリア教育推進特区」，大阪府大阪市「ビジネス人材育成特区」，岡山県御津町「御津町教育特区」などがある。

東京都千代田区「キャリア教育推進特区」は，「株式会社が実学のニーズに

応える大学や専門職大学院の設置主体となることを認め，高度なキャリア教育を実現することにより，地域における高い専門性をもった人材の輩出，地元企業との連携の充実，雇用や消費の拡大など，地域社会・経済の活性化を図る」というものである。大阪府大阪市「ビジネス人材育成特区」は，「株式会社が大学や専門職大学院の設置主体となることを認めることにより，自ら新しいビジネスを立ち上げる人材や，それを支援する専門人材，さらには高度なIT技術を持つ人材を体系的に育成し，大阪市の産業育成を図る」ものである。岡山県御津町「御津町教育特区」は，「廃校となった小学校の校地校舎を活用して，株式会社による私立中学校を開校（3年後には高校も開校）し，公立校との共存の中での教育的刺激の誘発，住民の選択肢の多様化，過疎に悩む地域の振興・活性化などに繋げる」とされている。

　これらに見られる教育の私事化は，多かれ少なかれ公教育のあり方に改革を迫るものである。しかしながら，教育の私事化は教育格差を拡大する要因ともなるため，慎重な取り組みが求められる。

3　公教育の課題

a　基礎学力の保障

　第1に基礎学力の保障である。文部科学省では，1996（平成8）年の中央教育審議会答申以来，基礎・基本を徹底し，自ら学び自ら考える力などを育成することにより，「生きる力」の知的側面である「確かな学力」の育成をめざしている。これは，1998（平成10）年，1999（平成11）年に告示された学習指導要領において，さらには2008（平成20）年に告示された学習指導要領においても一貫して堅持されてきている。

　他方，1999（平成11）年頃から始まった学力低下論争の中で，客観的なデータの必要性が指摘され，志水宏吉ら東京大学を中心とするグループにより，2001（平成13）年に「東大関西調査」，「東大関東調査」と呼ばれる2つの学力調査が実施された。このうち，「東大関西調査」と1989（平成元）年に大阪大学を中心とするグループが実施した学力調査（「阪大調査」）との比較から，志水は次の5点を指摘している[10]。「①子どもたちの基礎学力は，確実に低下し

ている」,「②その低下は,家庭生活の変化,特に家庭学習離れと関連している」,「③『できる子』と『できない子』への分極化傾向が見られる」,「④その二極分化は,家庭環境と密接に結びついている」,「⑤しかしながら,そうした低下や二極分化を克服している学校がある」の5点である。さらに志水は,5点目の学校を「効果のある学校（effective schools）」として着目し,その特質を分析している。特質としては,「①子どもを荒れさせない」,「②子どもをエンパワーする集団づくり」,「③チーム力を大切にする学校運営」,「④実践志向の積極的な学校文化」,「⑤地域と連携する学校づくり」,「⑥基礎学力定着のためのシステム」,「⑦リーダーとリーダーシップの存在」の7点を挙げている[11]。今後,こうした学校の特質を手がかりとして,公教育の質の向上を図る必要がある。

2007（平成19）年4月に,ほぼ40年ぶりとなる全国学力・学習状況調査が実施された。これは,小学校第6学年と中学校第3学年の全児童生徒を対象として行われた。2008（平成20）年4月にも行われている。各学校では調査結果を手がかりに十分な分析の上,その後の教育活動に取り組むことが求められる。しかし,調査自体が多大な経費を要することから悉皆調査に対する疑義も出されている。

なお,調査結果の公表について文部科学省は,序列化や過度な競争につながらないよう十分配慮することを各教育委員会に求めている。しかしながら,いくつかの自治体においては,調査結果の公表を求める首長と教育委員会と間での対立も見られる。

b 教育格差の是正

第2に教育格差の是正である。とりわけ義務教育においては,誰もが一定の水準の教育を受けることができ,一定の水準の知識や技能を身につける機会を与えられなければならない。

2008（平成20）年7月に公表された文部科学省の教育振興基本計画では,「近年,少子高齢化,高度情報化,国際化などが急速に進む中で,我が国では,社会保障,環境問題,経済の活力の維持,地域間の格差の広がり,世代をまたがる社会的・経済的格差の固定化への懸念,社会における安全・安心の確保な

どの様々な課題が生じている」と指摘されている。ここで指摘されている「地域間の格差」や「世代をまたがる社会的・経済的格差の固定化への懸念」は、教育格差へも大きな影響を与えていると考えられる。

橋本健二は、教育機会の不平等をもたらす要因として次の3点を挙げている[12]。第1に経済的要因であり、「大学教育を受けるためには、多額の費用がかかる」ことを指摘している。第2に文化的要因であり、「親から子どもへの文化資本の伝達が上層出身の若者たちを有利にし、逆に、文化資本の欠如が下層出身の若者たちを不利にする」と指摘している。第3に制度的要因を挙げており、「日本の教育に見られる独特の階層的構造、つまり高校間・大学間の序列の構造という制度的要因が、格差を拡大する」としている。

加盟国30ヵ国のデータをまとめたOECDの調査によると、2005（平成17）年現在、日本の私費負担の割合は、就学前教育と高等教育において加盟国の平均を上回っている。初等中等教育では9.9％と加盟国の平均8.5％とほぼ同じであった。しかし、就学前教育では55.7％、高等教育では66.3％となっており、加盟国の平均19.8％、26.9％をそれぞれ大きく上回っている[13]。

教育格差を是正するためには、教育への財政支出の拡大が不可欠である。日本は、教育への財政支出がきわめて低いことが課題である。OECDの調査によると、同じく2005（平成17）年現在の国や地方自治体の予算から教育機関に出される日本の公的支出の割合は、国内総生産（GDP）比3.4％であり、データが出された28ヵ国の中では最下位であった[14]。今後、公教育への財政支出を増大させることで、公教育の質の向上を図っていかなければならない。

引用・参考文献

(1) 柳澤良明「学校経営における参加とガバナンス——参加の理念および制度の日独比較を通して」小島弘道編『時代の転換と学校経営改革』学文社　2007年　208頁
(2) 柳澤良明「志度高校学校会議に期待する」香川県立志度高等学校編『研究紀要』第2号　2006年　25頁
(3) 溝渕正起「学校会議——生徒・保護者・教職員による魅力的な学校づくり」香川県立志度高等学校編『研究紀要』創刊号　2005年　24頁
(4) 佐藤晴雄編『学校支援ボランティア』教育出版　2005年　26頁
(5) 同上　28頁

(6)同上　26頁
(7)小野田正利『悲鳴をあげる学校』旬報社　2006年　31頁
(8)京都市教育委員会「平成20年度京都市教育委員会政策等推進方針」40頁
(9)岩手県教育委員会「苦情等対応マニュアル（学校版）」2006年　1頁
(10)志水宏吉『学力を育てる』岩波書店　2005年　55－70頁
(11)同上　164－169頁
(12)橋本健二「『格差社会』と教育機会の不平等」神野直彦・宮本太郎編『脱「格差社会」への戦略』岩波書店　2006年　157－170頁
(13)OECD「図表で見る教育2008　日本に関するブリーフィング・ノート」2008年6頁
(14)同上　5頁

索　引

ア　行

アカウンタビリティ　23
アメリカ教育使節団報告書　125
安全・安心な学校づくり　76
「生きる力」　10
いじめ　82
一般財源　117

カ　行

科学的管理法　11
学習指導　29
学習指導要領　66, 68
学制　124
学力保障　163
学級経営のコンセプト　23
学級経営計画　24
学級経営の実践　25, 27
学級経営の評価と改善　34
学級経営の目標　23
学級の事務経営　32
学級の集団規範　25
学区　149
学校安全計画　77
学校運営の改善　90
学校会議　162
学校関係者評価　91
学校危機管理マニュアル　78
学校教育法第11条　83
学校協議会　168
学校参加　165
学校支援地域本部　170
学校支援ボランティア　169
学校選択制　159, 172
学校に基礎を置くカリキュラム開発

（SBCD）　72, 73
学校評価　42
学校評価ガイドライン　90
学校評価事例集（岡山県教育委員会指導課）　94
学校評価と教員評価との関係　101
学校評価の手引き（岡山県教育委員会）　94
学校評議員制度　166
学校評議会　152
学校保健安全法　78
学校理事会　155
学校令　125
家庭教育　136
カリキュラム　64
カリキュラムの経営　29
カリキュラムマネジメント　70
危機に対する感性　86
危機の予兆管理　86
危険等発生時対処要領　78
義務教育諸学校における学校評価ガイドライン　93
義務教育費国庫負担金　116
義務性　122
急激な社会構造の変化に対処する社会教育のあり方について　146
協育　20
教育委員会　18, 107
教育格差　176
教育活動等に関する積極的な情報提供　93
教育課程　65, 161
教育基本法　105, 136
教育行政　105
教育経営　12

教育公務員　52
教育財政　105
教育再生会議　171
教育振興基本計画　117, 176
教育スタンダード　151
教育長　108
教育勅語　125
教育特区　174
教育の私事化　172
教育の質の保証・向上　91
教員研修　59
教員評価　61
教員養成制度　57
教科主義カリキュラム　66
教室環境の経営　31
教職員の職務　49
教職大学院　58
教頭　39
協働　19, 45
共同歩調主義　45
教諭　39, 52
クライシスマネジメント　76
クロスカリキュラム　67
経営　11
経験主義カリキュラム　66
コア・カリキュラム　67, 69
効果のある学校　176
校長　39
公民館　136
校務分掌　41
コミュニティー・スクール　167
今後の地方教育行政のあり方について　37

サ 行

三者協議会　168
自己評価　90
指導教諭　39
指導主事　112
志水宏吉　175

社会教育　136
社会教育法　137
主幹教諭　39
首長　107
主任・主事　39
生涯学習　137
生涯学習社会　9, 146
生涯学習振興法　146
生涯教育　137
職員会議　40
初任者研修　60
信頼される開かれた学校づくり　90
School-Based-Curriculum-Development　42
生活指導　29
正当防衛　83
説明責任（アカウンタビリティ）　90
全国学力テスト　154
潜在的カリキュラム　65
専門教育　130
相関カリキュラム　67
総合的な学習の時間　69, 73
相互不干渉主義　45
組織開発　33
組織文化　45

タ 行

第1条校　128
第3者評価　91
体罰　83
単線型学校制度　124, 150
地域参加型教育体制　20
地方教育行政の組織及び運営に関する法律（地教行法）　107
地方教育当局　155
チャーター・スクール　152
中央教育審議会（中教審）　110
中立性　122
勅令主義　106
通学安全マップ　85

同僚性　45
特定財源　117
図書館　136

ナ　行

認定こども園　129
任用　56
ノンフォーマル教育　137

ハ　行

ハーグリーブス　45
博物館　136
ハッチンス　147
PDCA　16, 44
PDCAサイクル　71
評価結果の設置者への報告　93
開かれた学校　15
開かれた学校づくり　75
フォロワーシップ　47
副校長　39
複線型学校制度　124
服務義務　53
服務の根本基準　53
普通教育　130

分岐型学校制度　124, 154
分限と懲戒　57
暴力行為　82

マ　行

マネジメントサイクル　13, 24, 90
民間人教頭　173
民間人校長　173
無償性　122
免許更新制　55
免許状主義　54
森有礼　125
文部科学省　108

ヤ　行

融合カリキュラム　67
ユネスコ　137

ラ　行

ライシテ　156
ラングラン　145
リーダーシップ　46
リスクマネジメント　76
リトル　46

編著者

佐々木正治（さきさきまさはる）　　環太平洋大学
山崎　清男（やまさききよお）　　大分大学
北神　正行（きたがみまさゆき）　　国士舘大学

著　者〈執筆順，（　）は執筆担当箇所〉

山崎　清男（やまさききよお）　　（第1章）　編著者
佐々木正治（さきさきまさはる）　（第2章）　編著者
矢藤誠慈郎（やとうせいじろう）　（第3章）　愛知東邦大学
北神　正行（きたがみまさゆき）　（第4章）　編著者
田代　高章（たしろたかあき）　　（第5章）　岩手大学
上寺　康司（かみでらこうじ）　　（第6章）　福岡工業大学
住岡　敏弘（すみおかとしひろ）　（第7章）　宮崎公立大学
髙橋　正司（たかはしまさし）　　（第8章）　岐阜女子大学
松原　勝敏（まつばらかつとし）　（第9章）　高松大学
石田　憲一（いしだけんいち）　　（第10章）長崎純心大学
大野亜由未（おおのあゆみ）　　　（第11章）広島市立大学
柳澤　良明（やなぎさわよしあき）（第12章）香川大学

2009年2月10日　初版発行		**新教育経営・制度論**
2010年3月20日　第2刷発行		

編著者	佐々木正治 山崎清男 北神正行
発行者	石井昭男
発行所	東京都文京区湯島2－14－11 福村出版株式会社
郵便番号	113－0034
電　話	03－5812－9702
ＦＡＸ	03－5812－9705
印　刷	株式会社文化カラー印刷
製　本	協栄製本株式会社

© M. Sasaki, K. Yamasaki, M. Kitagami　2009
Printed in Japan
ISBN978-4-571-10146-5　C3037

福村出版 ◆ 好評図書

佐々木正治 編著
生涯学習社会の構築
◎2,400円　ISBN978-4-571-10138-0　C3037

高度情報化，グローバル化，多文化化の荒波の中で，時代に即応した生涯学習社会の姿を求めた新しい概論書。

佐々木正治 編著
新教育原理・教師論
◎2,200円　ISBN978-4-571-10139-7　C3037

いじめや学級崩壊など，複雑化する教職の現場を踏まえ，従来の知見に現代的課題を組み込んだ新しい教師論。

河野和清 編著
現代教育の制度と行政
◎2,300円　ISBN978-4-571-10144-1　C3037

教育の制度と行政を，教育がかかえる諸問題点を踏まえ体系的かつ初学者にもわかりやすく解説した入門書。

篠田 弘 編著
資料でみる教育学
●改革と心の時代に向けての
◎2,600円　ISBN978-4-571-10137-3　C3037

教育の歴史，思想，制度・政策，教師，子ども，IT化，国際化など，教育学の基本と今日的諸課題に取り組む教育学入門書。

小笠原道雄・伴野昌弘・渡邉 満 編
教育的思考の作法1
教職概論
◎2,600円　ISBN978-4-571-10141-0　C3037

教職に欠かせない自ら思考する作法を伝授。新時代に求められる教育の歴史，制度，哲学等を多角的に解説。

小笠原道雄・森川 直・坂越正樹 編
教育的思考の作法2
教育学概論
◎2,800円　ISBN978-4-571-10140-3　C3037

環境教育，平和教育，報道と教育問題など，今後の重要テーマを解説。激変する社会に対応した新しい概説書。

沼田裕之・増渕幸男 編著
教育学21の問い
◎2,800円　ISBN978-4-571-10148-9　C3037

現代日本教育のあるべき姿を模索し，教育の理想や価値という規範にかかわる21の「問い」で考える。

◎価格は本体価格です。